元華文創
卓越文庫 EB010

情理以內
爭訟以外

——臺灣生產事故救濟制度發展

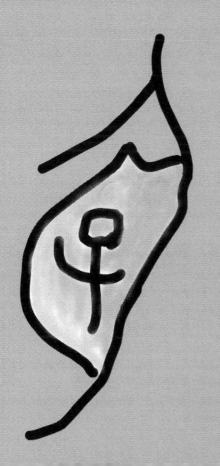

生產事故救濟制度，是臺灣首次嘗試
以訴訟外「無過失補償」的模式解決
醫療糾紛。

楊子萱——

著

自 序

　　臺灣的醫療資源與醫療水平皆享譽國際，健保制度也使人民都有許多機會享受到迅速與高水準的服務。但是醫療糾紛的增加，卻成為一項無法忽視的隱憂。當某地區醫療糾紛過多時，都可以看到醫療人才流失，醫療資源減少的現象。這樣的現象不只存在於臺灣，而是所有醫療先進國家皆需面對的問題。若無法妥善處理醫療爭議事件，醫師會傾向採取防禦性醫療，或是乾脆放棄從事訴訟風險高的醫療行為。同時，也造成醫病雙方的關係緊張，經歷醫療不幸事件的當事人與家庭，更面臨嚴峻的身心壓力與經濟負擔。

　　當我投入醫療糾紛與醫療法律的研究領域時，心裡浮現了一系列的問題：

「我們為什麼需要更好的醫療糾紛解決機制？」
「世界上，有其他優秀的糾紛解決機制可以參考嗎？」
「目前嘗試的，訴訟外無過失補償的計畫適合臺灣嗎？」
「可以怎樣改良出更有助益的機制？」

　　而這本書，就是我對於這幾個問題的回答。撰寫本書時，不只就法理法規進行探討，更透過實際的資料、數據、報導中反映出民眾的心聲，來進行一個政策是否有效的評估。法律無法離開社會而生存，更明確地說，無法離開「我們」的社會而生存。在上個時代適用的，在別的國家適用的，可能來到我們這片土地，就如同橘越淮為枳，帶給人民難以下嚥的苦澀。因此，本書的研究特別著重於具體的數據實證分析。

　　此外，我也想傳達一個「水火相憎，鼎鑊在其間，五味以和」的觀點。

我們常以「水火不容」來形容尖銳對立的雙方，但是老子卻提出，若以鍋子當作水火的媒介，反而能協調雙方，化干戈為玉帛，烹調出美妙的滋味。醫療的進步與健康身心的追求，其實是醫病雙方共同的理想，但訴訟卻往往讓彼此勢同水火，無法找出最佳的對策。我認為合適的糾紛解決制度就如同合適的「鼎鑊」，將能促進溝通，增加效率與互信，創造雙贏的局面。

在美國求學工作的兩年，我更深深體會到臺灣醫療的便利與美好。我相信擁有這些可貴資源的我們是十分幸福的，也更應該把握這份幸福。僅盼望拙著之付梓，能引起更多人對於相關議題的關切與興趣！

於 美國華府

2018.06.11

目 次

圖表目次

第一章　緒論

以異治同者，天地之道也；因物制宜者，聖人之治也。既得其道，雖有詭常之變，相害之物不傷乎治體矣。水火之性相滅也，善用之者陳缶鼎乎其間，爨之，煮之，而能兩盡其用不相害也，五味以調，百品以成，天下之物為水火者多矣，若施缶鼎乎其間，則何憂乎相害？何患乎不盡其用也？

《傅子‧假言》

一、 研究動機與問題意識

隨著時代的發達與醫學的進步，越來越多疾病變成「可治療」時，醫療行為隨之增加，伴隨而生的醫療事故、醫療糾紛，亦在所難免[1]。根據行政院衛生福利部醫事司統計，歷年因訴訟送醫療鑑定的案件居高不下，在民國 102 年就有 552 件[2]。因醫療糾紛而發生訴訟，伴隨而來漫長又耗費心力的審判過程、鉅額的賠償金、名譽與尊嚴的損害，使醫界害怕訴訟而產生的防禦性醫

---

[1] 李明蓉、楊秀儀，「無過失補償」就是不究責嗎？──從藥害救濟法第十三條第一款談起，月旦法學雜誌，第 228 期，頁 140，2014 年 5 月。

[2] 行政院衛生福利部醫事司「受理委託醫事鑑定案件數統計表」，統計期間：民國 76 年到 102 年，建檔日期：2013 年 6 月 25 日。

療，甚至拒絕再成為高風險科別的醫師，引起社會上對「醫師荒」、「病人以後找不到醫師治病」的擔憂。這也就是為什麼，如何解決醫療糾紛已經是每個先進國家都要面對的重要課題。

在所有科別的醫療糾紛中，因生育事故所引起的醫療糾紛，又特別值得關注。生育事故，係指孕產婦、嬰兒因生育過程而發生傷害或死亡的負面醫療結果（adverse outcome）[3]。生育事故，與一般疾病、意外所致事故的不同之處有二。第一，疾病與意外伴隨著人力的減損，然而生育帶來的卻是人力的增長，沒有生育，人類很顯然將走向滅亡。第二，生育為人類社會發展不可或缺的環節，並且也是一個積極承擔風險的行為。女性為了繁衍後代，使自己的身體進入到生育的過程之中，也才有了發生生育事故的風險。

華人社會長久以來，就對生育事故極為重視，自殷墟甲骨文中，就能看到占卜婦女是否順產的紀錄[4]，史書《左傳》之中，亦有鄭武公的夫人「武姜」難產的記載[5]。宋代以降，更發展出對於對於女神「陳靖姑」的崇拜。這位由宋朝廷正式敕封為「順懿夫人」的女性神祇，所庇佑的，正是千千萬萬祈求順利生產的婦女，此信仰至今仍流行於閩粵臺灣地區[6]。閩南語俗諺裡，亦有「生贏雞酒香，生輸四塊板」的說法，「四塊板」描繪產婦死亡送入棺材的不幸結果，鮮明呈現出對生產凶險的深刻體會。

在生產尚未走入醫療體系的年代，人們鮮少將難產、死產的結果與接生者——產婆連結。多半歸因於產婦體質不佳、欠缺調養，或觸犯了民俗忌諱

---

[3] 負面醫療結果(adverse outcome)包含「因過失而引起的醫療傷害」，以及「非因過失所引起的醫療傷害」兩大類。參見楊秀儀，論醫療糾紛之定義、成因、及歸責原因，台灣本土法學雜誌，39 期，頁 123，2002 年 10 月。

[4] 周春燕，女體與國族：強國強種與近代中國的婦女衛生(1895-1949)，國立政治大學歷史研究所博士論文，頁 126，2008 年 6 月。

[5] 初，鄭武公娶於申，曰武姜，生莊公及共叔段。莊公寤生，驚姜氏，故名曰寤生，遂惡之。出自左傳·隱公元年。其中，「寤生」係指胎兒由足先出的一種難產。見楊伯峻，春秋左傳注，復文書局，頁 10，1991 年 9 月。

[6] 張育甄，陳靖姑信仰與傳說研究，國立中興大學中國文學系碩士論文，頁 2，2002 年。

等因素[7]。但是在十九世紀時,產科醫師從只准處理難產的角色,積極介入正常的生產過程[8],生產自此走入醫療體系,因生產而生的風險與事故,也成了醫療事故的一環。

令人遺憾的是,即使在科學昌明、醫療進步的今日,仍無法完全化解生產的風險。根據世界衛生組織 WHO 統計,生產相關事故(Maternal conditions)高居 2004 年全球 20-59 歲婦女死亡原因的第二名,佔所有死亡原因比例中的 7.2%[9]。根據臺灣衛福部統計,臺灣在 2013 年,則有 459 個新生兒、767 個嬰兒及 18 個孕產婦死亡[10]。以死亡率分析,平均每一萬名孕產婦,就有 9.2 名不幸身亡。這些還未算入因生產發生重大傷害的人數。

因上述生育事故引起的醫療糾紛,於近年來不斷增加。在所有醫療糾紛中,婦產科與內科、外科、兒科、急診科居於的醫療糾紛案件最多的前幾名科別。康健雜誌則報導,2006 年,臺灣醫療改革基金會的醫療糾紛諮詢統計中,婦產科醫師諮詢的案件數為 183 件,比例在各科別中名列第一[11]。

圖表 1　2006 年各科別醫療糾紛諮詢數與醫師數比例（康健雜誌,2010[12]）

科別	醫糾諮詢案件數	2006年醫師人數	比例(%)
婦產科	183	2,149	8.52
急診	69	1,076	6.41
外科	305	5,475	5.57
內科	257	7,768	3.31
精神科	33	1,176	2.81

---

[7] 詳細記載可見《胎產書》、《孕育玄機》、《普濟方》、《醫方類聚》等古籍中的相關章節。

[8] 周春燕,同註 4,頁 180。

[9] World Health Organization, Women and Health: Today's Evidence Tomorrow's Agenda, 52(2009).

[10] 衛生福利部民國 102 年死因統計年報,表 11「歷年新生兒、嬰兒及孕產婦死亡人數、死亡率」。

[11] 參考張曉卉,搶救婦產科大崩壞 不讓女人變成下個醫療人球,康健雜誌,139 期,頁 38-49,2010 年 6 月 1 日。

[12] 同前註,頁 38-49。

眼科	34	1,522	2.23
耳鼻喉科	27	1,936	1.40
小兒科	38	2,780	1.37
牙科	91	11,267	0.81

　　2005 年，臺灣婦產科醫學會進行「改革婦產科再出發暨搶救婦產科問卷調查」，更發現有 57%婦產科基層診所，發生過一到五次醫療糾紛，15%的診所曾發生六到十次醫療糾紛。於地區醫院、區域醫院及醫學中心上班的專科醫師，則有 75%發生過一到五次的醫療糾紛，19%發生過六到十次醫療糾紛，更有 4%的婦產科專科醫生，發生過 11 次以上的醫療糾紛，臺灣有 98%的婦產科醫生，都受到醫療糾紛的威脅困擾[13]。

　　而在同一份問卷調查中，更顯示，184 位婦產科醫生裡，就有 164 位婦產科醫師，對於現今惡劣的醫療環境，願意走上街頭抗爭，比例高達 89%[14]。

　　過多醫療糾紛與惡劣的醫療環境，將可能引發三個困境。困境一：婦產科醫師人力日漸短缺。近年來，臺灣婦產科醫師人力日漸流失。由於產科的工作時數長、壓力大、引起糾紛的風險又高，這股推力使得醫學生不願意在畢業後選擇婦產科，原本的婦產科醫師則不願意再做接生服務，寧選擇糾紛較少的婦科或不孕症領域。據婦產科醫學會統計，全臺約有六成鄉鎮沒有婦產科醫師[15]。婦產科專科醫師逐年下降的現象，從 1999 年以來，都無法招滿婦產科住院醫師。在 2004 年，婦產科住院醫師訓練招收到的人數，只有三十四人，連額定招募人數的八十四人一半都還不到[16]。

---

[13] 施宏明，我國婦產科刑事醫療糾紛之研究──以產科高危險妊娠為探討中心，國立中正大學法律研究所碩士論文，頁 30，2007 年 6 月。

[14] 同前註，頁 31。

[15] 詹建富報導，「沒人要當婦產科醫師……名醫謝豐舟嗆：開放菲醫算了」，聯合報，A12 版，2012 年 5 月 17 日。

[16] 施宏明，我國婦產科刑事醫療糾紛之研究──以產科高危險妊娠為探討中心，中正大學法律研究所碩士論文，頁 18，2007 年。

圖表 2　連續十年，婦產科招不滿新住院醫師（康健雜誌，2010[17]）

年度	衛生署核准名額	實收名額
1999年	90	89
2000年	90	66
2001年	90	84
2002年	70	53
2003年	89	48
2004年	87	32
2005年	78	34
2006年	77	39
2007年	79	48
2008年	77	53
2009年	77	55

　　有報導以「怕醫療糾紛 沒生活品質 選到婦產科 醫學生痛哭[18]」為標題，顯示出過多醫療糾紛等原因給婦產科人力招募所帶來的困境。一位國家衛生研究院群體健康科學研究所的學者亦指出，此困境主要是因為婦產科醫療糾紛過多與健保給付失衡所致[19]。

　　困境二：婦產科醫師人力結構嚴重老化。國家衛生研究院針對醫院各科醫師人力進行研究，亦顯現出婦產科醫師的人力結構嚴重老化，有半數超過六十歲，且各婦產科醫師的人力缺口高達四十六到兩百六十人，將會影響醫療品質。有媒體針對此現象，以「搶救婦產科醫療大崩壞」為題進行報導，臺灣在 2001 年到 2012 年，11 年來共增加了一萬多名醫師，但婦產科只增加了 33 人，顯然不成比例[20]。立法委員也在院會中痛陳[21]，在生育率已經逐年

---

[17] 張曉卉，同註 11，頁 40。

[18] 「怕醫療糾紛 沒生活品質 選到婦產科 醫學生痛哭」，聯合報，A6 版，2013 年 5 月 19 日。

[19] 「醫師荒 內科最慘……8 年後恐缺 3788 人」，聯合報，A4 版，2014 年 12 月 20 日。

[20] 張曉卉，同註 11，頁 41。

[21] 立法院公報，第 101 卷第 40 期(3981)，2012 年 06 月 07 日，頁 62。

降低的情況下，還缺乏醫師接生，對國家人口成長將帶來不利的影響，也使國人缺乏必要的醫療資源。

　　困境三：提供接生服務的醫療院所減少與缺乏。臺灣提供接生服務的醫療院所越來越少。2012 年即有媒體以「醫糾壓力大　六成產科門診無醫師接生[22]」進行報導。2012 年，立法院院會曾以「龍寶寶來了，婦產科醫師走了，全臺婦產醫師高齡化、高醫療糾紛之原因及解決方案」為主題，要求行政院衛生署長及法務部人員列席報告[23]。衛生署也在報告中提及，100 年登記設有婦產科的醫院有 234 間，但只有 165 間提供接生項目，佔 71%；婦產科診所有 829 間，只有 217 間提供接生項目，佔 26%。離島區域，則有 83.3%都沒有婦產科醫師[24]。

　　另一方面，發生生育事故的受害人或家屬，必須獨自承受不幸的結果，對於內心的疑問、傷痛、不平，僅能透過訴訟的方式尋求答案。但訴訟不但曠日費時，又因醫療事故的特性使然，因果關係認定不易，生育事故受害人很難透過訴訟獲得賠償。家屬「喜事變喪事」的傷痛，無法透過訴訟弭平，還可能因為一紙「駁回原告之訴」的判決更感到不解與受傷。

　　由是而言，使用訴訟途徑解決生育事故醫療糾紛，似乎無法為發生生育事故的個人與家庭帶來幫助，還可能造成訴訟資源的浪費、醫師防禦性醫療等弊害。又考量到生育事故往往具有死亡與重傷的嚴重性，且生育事故受害者，一般而言是相對健康的懷孕婦女，在國家積極鼓勵婦女生育，避免人口老化的情況下，生產的風險似乎不該由個人承擔。

　　因此臺灣政府自民國 101 年起開始，實施為期三年的「鼓勵醫療生育事故爭議事件試辦計劃」，這是臺灣首次出現對無過失的醫療事故給予補償的方案，也是第一個針對生育事故醫療糾紛提出解決問題的方案，此方案在制度

---

[22] 駱慧雯，醫糾壓力大，六成產科門診無醫師接生，華人健康網， 2012 年 6 月 17 日 https://www.top1health.com/Article/5780，最後瀏覽日期 2015 年 4 月 8 日。

[23] 立法院公報，同註 21，頁 57-174。

[24] 同前註，頁 67。

面上仍有許多爭議與討論，因其就醫療事故進行「補償」的精神，乃為國內首見。於試辦計畫期滿之後，亦有是否該進一步訂定「生產風險補償條例」專法，或以「醫療糾紛處理及醫療事故補償法草案[25]」處理的論辯展開。

　　是故，本書期待能探析臺灣生育事故補償計畫形成的過程，以及對外國立法例之參照，以了解對於臺灣的生育事故補償計畫的施行成效，並提出政策上的建議。

二、研究方法

　　本研究為求討論方向之多樣性，採用以文獻探討為主的三種研究方法，分項描述如下。

(一) 文獻探討

　　文獻探討為學術研究不可或缺的過程，能夠整合前人的研究成果，並呈現出研究主題的學術脈絡[26]。本書主題牽涉醫療糾紛解決及無過失補償制度的法律與社會探討，因此，本書將運用所搜集的文獻，分析醫療糾紛之成因與解決模式，以及無過失補償制度的概念、起源、施行經驗等，並進而深入本書主旨「生育事故補償制度」之核心，整合有關國內外生育事故補償經驗的研究篇章、制度施行紀錄與統計等內容，以歸結出國內外生育事故補償經驗的成效與特點。在文獻使用上，將使用法學研究、醫療政策研究、公共衛生研究有關之中文與外文學術著作。同時參考立法院公報、法院判決、政府委託研究計畫、法規與立法草案等文獻等政府出版品，以及婦女團體、病人

---

[25] 行政院版醫療糾紛處理及醫療事故補償法草案第五十一條：「為促進女性生產健康及安全之生產環境，就本法所定醫療事故補償，政府如採分階段辦理時，生產風險有關類型及項目，應優先實施。」

[26] 瞿海源等，社會行為科學研究法(一)：總論與量化研究法，東華書局，頁104，2012年1月。

團體、醫師權益團體相關網站之論述與意見，評價現行試辦計畫的優劣與可參酌改進之處。

(二) 經驗實證取向的法律研究

本研究為對一項法律制度的法律與社會研究。之所以如此定位，乃是因為法律制度，不可與社會脫節。評估一個社會需要怎樣的法律制度，有必要先了解社會的背景。學者劉宏恩指出，關注實證的法學研究，探討的是事實運作中的法律（law in action），而非僅僅是書本中的法律（law in books）[27]。法律存在的意義，是要解決人世間錯綜複雜的各種問題，法律存在於社會，就不可能忽略與社會的互動。對於法律與政策的研究，並不是透過釋義法律規範，鑽研文字上的矛盾、漏洞、邏輯錯誤，就能滿足；更應致力於評估法律施行的結果、將法律與政策對社會的影響作為關注焦點，如此才能避免「紙上談兵」，真正解決社會的問題。

近年來，法律實證研究（Empirical Legal Studies）已深受美國法學界重視。美國學者 Theodore Eisenberg 將法律問題的實證分析（empirical analysis of legal issues）分為三大支脈，而第三支脈即為：透過實證方法，描繪法律系統的實際運作[28]。此支脈係指：

> 採用一定之社會科學研究方法，對法律運作之「經驗現象」，進行有系統的觀察與分析。此種法律實證分析，亦是吾人所理解、指涉的實證研究。……第三個支脈之所以在法學研究領域內受到較高的關注，乃係因為其所影響者，非僅限於個案的層次，而係更為廣泛地涉及立法論的檢討以及立法政策的擬定[29]。

---

[27] 劉宏恩，「書本中的法律」（Law in Books）與「事實運作中的法律」（Law in Action）〉，月旦法學雜誌，第 94 期，頁 337，2003 年 3 月。

[28] 黃國昌，法學實證研究方法初探，月旦法學雜誌，第 175 期，頁 142-153，2009 年 12 月。

[29] 同前註，頁 144。

本書預計使用的法學實證方法的特色有二，一是對「經驗」的掌握，另一個則是對經驗的分析。對「經驗」的掌握而言，涉及資訊收集（data collection）的部分；對經驗的分析而言，則包含「質性分析（qualitative analysis）」、「量化分析（quantitative analysis）」等研究方法[30]。

在資訊收集的部分，以兩個方向為主，分別是法院公佈的裁判—法學資料檢索系統，以及利用官方公佈的統計資料庫[31]，為取得實證資料的主要來源。並且在探討「臺灣社會適合怎樣的生產事故補償制度」這個問題時，關注過去的臺灣社會如何面對、處理生產事故，如何解決生產事故引發的糾紛。在每一個不同的階段下，制度的變與不變，是否能回應整個社會的需求。本書期待能建構清晰呈現出生育事故補償計畫，在臺灣社會的影響與利弊。

(三) 比較法學

學者指出，「比較法」作為法學方法，其重點在於深入探究不同法秩序之間的異同，並分析形成此異同的原因與背景為何[32]，據此將可以進一步理解所研究的問題，並尋求在其他法制度的經驗中，尋求適宜於研究目標的解決方向。

比較法具有鮮明的功能性取向，在面對共同問題的情況下，參考他國採取不同制度的原因，將能在法規比較中，釐清問題本質、了解臺灣法規特色，進而評估吸納他國制度的可能，以達成制度建議的研究目標。因此，本書也將兼採比較法學的研究方法，比較國內外無過失補償制度之經驗，以及探討現行生育事故補償計畫，與其他國家類似制度的異同。

---

[30] 同前註，頁 144。

[31] 同前註，頁 145-149。

[32] 黃舒芃，變遷社會中的法學方法，元照出版社，頁 248，2009 年 9 月。

三、醫療生育事故相關概念及其定義辨析

為確定本書之研究框架與討論範疇，有必要充分掌握相關名詞定義，因此在本節將就醫療事故、生育事故、醫療糾紛等定義進行說明。

(一) 醫療事故之定義

醫療事故之定義，因廣義與狹義的界定而有不同。學說方面，有學者認為，係指醫療從事人員在執行業務行為時發生的所有有害結果，但不僅指醫療從業人員的過失行為，也包含不可抗力所引起的有害結果[33]。另有學者將之定義為：「醫療過程中，由於醫事人員診斷護理過失造成病患死亡、殘疾、組織器官損傷者，統稱之為醫療事故[34]。」

亦有日本學者指出，醫療事故係「在醫療行為的過程中發生任何傷害結果的總稱[35]」。

在政府相關辦法中，則有臺北市市立醫療院所醫療事故補償作業暫行要點第 2 條定義：「所稱醫療事故，係指病人於就醫時，因醫療過程所生之傷害、身心障礙或死亡之事故[36]。」

而行政院版「醫療糾紛處理及醫療事故補償法」草案第三條第三項，將醫療事故定義為：「指病人因接受醫療行為而發生死亡或重大傷害之結果[37]。」

---

[33] 黃丁全，醫事法，頁 632，2000 年。

[34] 曾淑瑜，醫療過失與因果關係，翰蘆圖書出版，頁 510，1998 年 9 月。

[35] 轉引自黃國宸，醫療糾紛民事責任與無過失補償制度之研究，國立臺北大學法律系碩士論文，頁 20，2013 年 7 月。

[36] 連吉時，醫療事故補償或救濟制度之相關研究，行政院衛生署九十五年度科技研究計畫，頁 455，2006 年 1 月 1 日至 2006 年 12 月 31 日。

[37] 行政院版醫療糾紛處理及醫療事故補償法草案，第三條第二款立法說明：「如不分醫療行為所生損害輕重，皆由醫療事故補償基金補償，恐造成該基金龐大負擔，亦容易發生詐領補償給付之道

於立法說明中，特別界定醫療事故之定義，之所以限於死亡或重大傷害結果，乃是為了避免補償基金龐大負擔，與詐領補償金之道德風險等緣故。

由此可見，學說上所定義的醫療事故，範圍較大，涵括一切醫療上的有害結果。而行政院版醫糾法草案的定義，則較為限縮。由於行政院草案之定義，較為清晰與具體，且切合本研究以補償制度、糾紛解決為核心之考量，故本書中的醫療事故，將採納行政院草案之定義，僅討論病人因醫療行為，發生死亡或重大傷害之結果。

(二) 生育事故之定義

生育事故一詞，於臺灣法規中首見於全民健康保險法第一條第二款[38]，但法規中並未進一步定義。關於生育事故之明確定義，據改制前行政院衛生署「鼓勵醫療機構辦理生育事故爭議事件試辦計畫」申請作業須知所說明，生育事故救濟條件為：「醫療機構或助產機構（以下稱機構）於周產期之醫療與助產過程中，已依該機構專業基準施予必要之診斷、治療或助產措施，仍致孕產婦或胎兒、新生兒死亡或符合相當於身心障礙者權益保障法所定中度以上障礙之生育事故事件[39]。」

並規範有五點排除在救濟條件之外的內容[40]：

(1) 流產致孕產婦與胎兒之不良結果。

(2) 36 週前因早產、重大先天畸形或基因缺陷所致胎兒死亡（含死腹中）或新生兒之不良結果。

德風險，爰於第二款明定醫療事故之定義，即以死亡或重大傷害為適用範疇。」立法院第 8 屆第 2 會期第 15 次會議議案關係文書，院總第 1631 號 政府提案第 13479 號，中華民國 101（2012）年 12 月 26 日印發。

[38] 全民健康保險法第一條第二款：本保險為強制性之社會保險，於保險對象在保險有效期間，發生疾病、傷害、生育事故時，依本法規定給與保險給付。

[39] 參見「鼓勵醫療機構辦理生育事故爭議事件試辦計畫」申請作業須知。行政院衛生署衛署醫字第 1010267046 號公告，2012 年 9 月 26 日。

[40] 同前註。

(3) 因懷孕或生育所致孕產婦心理或精神損害不良結果者。

(4) 對於生育事故明顯可完全歸責於機構或病方者。

(5) 懷孕期間有參與人體試驗情事者。

按照脈絡，生育事故應為醫療事故底下的一種類型，就其定義理解，應與產科事故的定義相同。婦產科醫療事故，則是醫療事故的類型之一，根據101年的立法院公報資料[41]，佔所有醫療鑑定案的 15%，屬於高風險科別。而產科事故，屬於婦產科醫療事故中的一個主要類型，根據學者研究，佔有將近五成的比例[42]。唯一與「產科事故」之定義有出入者，係試辦計畫所提出的定義，卻還加上了「已依該機構專業基準施予必要之診斷、治療或助產措施」等語，有不包含醫療過失態樣之含義。為求討論之一致性，暫依衛生署所提出的「生育事故」定義討論之。

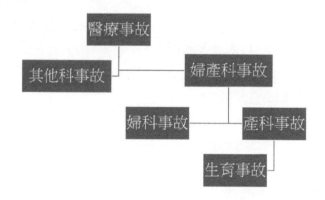

圖表 3　醫療事故、產科事故與生育事故關聯圖，作者製作

---

[41] 立法院公報，同註 21，頁 62。邱文達發言。

[42] 黃鈺媖，我國婦產科醫療糾紛裁判之實證研究──理論與實務之檢討，臺灣大學法律所碩士論文，頁 31，2004 年 6 月。

（三）醫療糾紛之定義

所謂醫療糾紛（Medical Dispute），有論者以為，係指醫療提供者與病患或病患家屬之間，在醫療過程中，因醫療傷亡的責任問題，所形成的民事或刑事糾紛[43]。

學者則將醫療糾紛區分為廣義與狹義：「廣義的醫療糾紛泛指醫病之間一切爭執……可進一步分為費用的爭執、醫德的爭執，以及醫療傷害責任歸屬的爭執三類。而狹義的醫療糾紛則專指關於醫療傷害責任歸屬的爭執[44]。」

狹義的醫療糾紛，則是醫療傷害的責任歸屬問題。又可分為「因過失所引起的醫療傷害」與「非因過失所引起的醫療傷害」。因過失所引起的醫療傷害，因為病人本質上的脆弱性，包括醫師、護理人員、其他醫事人員與醫院管理發生過失，便可能發生。然而就算醫療行為沒有任何過失，傷害仍可能發生，學者將「非因過失所生之醫療傷害」分成兩種：「一種是可預見的醫療傷害；另一種就是無法預見的情形。」前者如併發症與副作用等情況；後者則稱為純粹醫療意外（pure medical accident）[45]。

行政院版「醫療糾紛處理及醫療事故補償法」草案第 3 條則定義：「指病人認醫療行為有不良結果[46]，而應由醫事人員或醫療(事)機構負責所生爭議。」並於立法說明中敘述：「本法旨在處理病人對於醫事人員或醫療(事) 機構之醫療專業領域之爭議，至病人如單純就有關醫療費用收取或醫療態度等爭執，非屬本法之醫療糾紛」。草案中的醫療糾紛之認定，應僅限於病人與醫事人員、醫療機構之間，因醫療行為所產生的不良結果，而生之爭議。

---

[43] 陳榮基等，臺灣醫療法律與醫療糾紛的探討，臺灣醫界，第 37 卷第 6 期，頁 102，1994 年 6 月。

[44] 楊秀儀，同註 3，頁 122。

[45] 同前註，頁 124。

[46] 不良結果之定義為：「醫療專業領域糾紛，除常見關於醫療行為與傷害、身心障礙或死亡結果等責任歸屬之爭議，實務尚有醫療結果不如病人預期等爭執，爰以不良結果稱之。」行政院版醫療糾紛處理及醫療事故補償法草案，第三條立法說明。

　　本書研究之目的，因著重於解決生育相關醫療行為不良結果所致之糾紛，是以採取狹義解釋，僅探討病方與醫方因醫療行為不良結果，所產生之醫療糾紛。

(四) 賠償、補償、救濟之定義

　　賠償通常指有過失或推定過失時，侵權行為人所給予的損害彌補，如民法第184條所規範的侵權行為損害賠償：「因故意或過失，不法侵害他人之權利者，負損害賠償責任。故意以背於善良風俗之方法，加損害於他人者亦同。違反保護他人之法律，致生損害於他人者，負賠償責任。但能證明其行為無過失者，不在此限。」。或消費者保護法第7條第三項的無過失賠償責任：「企業經營者違反前二項規定，致生損害於消費者或第三人時，應負連帶賠償責任。但企業經營者能證明其無過失者，法院得減輕其賠償責任。」

　　補償（compensation），則係在合法行為下，當事人受有損害時，行為人給予的損害填補。與醫療糾紛解決最有關的則是「無過失補償」，所謂的「無過失補償」（No-fault Compensation），則係指對一定範圍之人因某意外事故而生之損害予以補償，並不以具有侵權行為構成要件之必要，又稱為「非侵權行為補償」（Non-tort Compensation）[47]。此處的「無過失補償」，和前述消保法的「無過失賠償責任」，意義大為不同。「無過失賠償責任」，係指企業主在即使無過失的情況下，仍被推定有過失，而必須負擔責任的情形。而「無過失補償」，則是在當事人的行為並無過失的情形下，出於填補受害人目的而給予損害填補，並不是賠償。

　　救濟（relief）之概念，與補償相似，且更突顯社會救助的意涵，所給予的彌補的條件，與過失與否無直接關聯。臺灣現有與醫療傷害相關之救濟制度有「藥害救濟法」、「預防接種受害救濟基金徵收及審議辦法」等。參考藥害救濟法第一條：「為使正當使用合法藥物而受害者，獲得及時救濟，特制定

---

[47] 王澤鑑，侵權行為法，頁26-27，2011年8月。

本法。」預防接種受害救濟基金徵收及審議辦法第二條第一項：「本人或母體疑因預防接種而受害者，得依本辦法之規定請求救濟。」皆不討論受害是否因侵權行為所產生，而僅以受害之事實作為救濟金給付之條件。

而在本書討論的「鼓勵醫療機構辦理生育事故爭議事件試辦計畫」申請作業須知中[48]，則有「對於生產過程中，醫療機構或人員非出於故意或明顯過失之醫療風險所造成之母嬰不良結果，應加以補償或救濟」；「鑒於立法作業尚需一段時日，本署爰針對高風險之醫療科別規劃補償機制，並先以生育事故風險作為優先推動試辦範圍」；「生育事故救濟條件」等文字說明，補償與救濟互見，無明顯區隔，因此在本書的討論中，補償或可視為救濟的一種方式，補償與救濟亦互通。

四、研究架構

本書的研究架構，主要分為六個章節。第一章節為緒論，說明本書之研究動機、問題意識與研究方法。

第二章為探討現行醫療事故與醫療糾紛解決途徑之問題。從醫療糾紛之特殊性開展，進而分析臺灣現行醫療糾紛之訴訟概況，以及產科醫療訴訟之案件增加數、賠償金額數量的研究成果。以此呈現臺灣醫療糾紛訴訟現況，及可能伴隨之困境。

第三章，將探討以訴訟外糾紛解決機制，解決醫療糾紛之可能性，首先探討醫療無過失補償之法理，並介紹訴訟外醫療無過失補償制度之早期發展，以及臺灣現行法律規定之醫療相關無過失補償制度，如藥害救濟制度、預防接種救濟制度等。

---

[48] 「鼓勵醫療機構辦理生育事故爭議事件試辦計畫」申請作業須知。行政院衛生署衛署醫字第1010267046 號公告，2012 年 9 月 26 日。

　　第四章之主軸，係生育事故補償制度之國內外經驗探討。為了解生育事故的補償制度在其他國家的實際施行成效，本書中選取了兩個國家作為研究對象。選取美國與日本的原因在於，美國、日本都有類似於臺灣現況的生育事故補償制度，也都起源訴訟過多造成產科醫師出走的困擾，因此在制度上值得參考。第四章前段將先介紹在美國佛羅里達州、維吉尼亞州已行之有年的「新生兒腦部傷害無過失補償制度」，以及 2009 年於日本推行的「產科醫療補償制度」等制度內容與施行經驗。於後段，將探討臺灣「生育事故補償計畫」之推行動機、計畫內容、施行方式等內涵，並且與前述之外國生育事故補償制度，進行制度面之比較。

　　第五章將探討臺灣生育事故補償計畫之施行成效，探討本計畫在補償生育事故受害人、降低產科醫療糾紛訴訟等兩項目的，是否具有實際成效。並且也就現行施行成果中，需要改進、調整的部分，就本書之觀察給予建議。且就計畫未來發展的可能性與影響力上，提出可行性之評估。

　　最後，本書將統整此次研究的心得，於第六章做出結論，總結本研究對臺灣生育事故補償制度研究之問題、觀察、心得與建議。

第二章　醫療事故與醫療糾紛解決途徑

　　醫療事故與醫療的不良結果的發生，是每個人都不樂見的。一旦在醫療過程中發生事故與不良結果，就可能引起醫病關係間的緊張，爭議與糾紛亦隨之形成。在本章中，將探討醫療事故與醫療糾紛之性質與解決途徑。本章共分為四節，第一節，將介紹醫療事故的特殊性。第二節則對於臺灣醫療糾紛訴訟之概況加以呈現。第三節，更進一步將與婦產科、產科醫療訴訟有關之資料加以匯集，分析產科醫療訴訟之特殊性。第四節則為小結。

一、醫療事故之特殊性

　　醫療事故有不同於一般意外事故之特性，有學者指出：「一般生活意外，多屬生活經驗法則的自然率，只要條件具備，自然會發生……但是醫療意外之發生，除了醫療錯誤外，縱使不計成本每個檢查都做，鑒於醫學的有限性，醫師所能推出的仍僅是一個或然率[1]。」在本節中，將歸納出幾項醫療事故之特殊性。

(一) 醫療事故之責任分配難以認定

　　醫療事故的特殊性，係醫療糾紛有別於其他類型糾紛，更難透過訴訟體

---

[1] 侯英泠，我國醫療事故損害賠償問題的現況與展望，台灣本土法學，39 期，頁 115-116，2002 年 10 月。

系處理的原因之一。最主要特殊之處在於，過失與無過失的認定原即困難，醫療事故尤是涉及許多專業知識的認定，以及不確定的因果關係，在責任分配上更難以釐清之故。學者歸納出醫療事故的四項特徵[2]：

一、人體反應的不確定性與醫學的有限性。人體是活的，其反應常無法一概而論；

二、人非機器，人的行為無法完全控制，要求高注意力的工作，更不可能每一分每一秒無瑕疵的集中注意力。所以，通常對於注意力密集之行為，法律不可能強求行為人負一切意外責任；

三、不確定之因果關係：醫療事故的因果關係難以判斷，即使能證明醫療人員有所疏失，也不必然就與傷害結果之發生有一定因果關係；

四、雙向積極獲利的行為。指醫師不管積極或消極醫療行為皆可以取得一定之對價。

因此，法律制度的設計若不合理，使醫師承擔過重之責任，就會導致防禦性醫療的出現[3]，過多不必要的檢查使病人受到醫療傷害的機率增高；拒絕為高風險病人提高治療，亦影響了病人接受妥善治療的福祉[4]。

另有學者分析，醫療過失難以認定的原因有四：一、標準模糊，以醫療行為之專業，一般人無法判斷該醫療行為是否為應注意能注意而未注意；二、過失證明困難，過失之證明必須探討其義務是否違反，然要證明其違反義務必須對醫療行為有完整之認識，更遑論醫療行為通常有各種選擇，該採何種治療方法，經常未有定論；三、舉證分配不公，臺灣現行訴訟體系，要求病患求償應負舉證責任，但醫療行為發生之過程，通常並非病患所能掌握；四、

---

[2] 同前註，頁114。

[3] David M. Studdert et al., *Defensive Medicine Among High-Risk Specialist Physicians in a Volatile Malpractice Environment*, 293 THE JOURNAL OF THE AMERICAN MEDICAL ASSOCIATION 2609, 2609 (2005)

[4] Office of Tech. Assessment, U.S. Congress, Pub. No. OTA-H-6O2, *Defensive Medicine and Medical Malpractice* 13 (1994)

因果關係證明困難，即使醫護人員之醫療行為有過失，病患也產生某種傷害，但過失與病患損害結果之間也可能無因果關係[5]。

　　基於以上幾項醫療事故的特殊性，有必要謹慎考量醫療事故糾紛發生時，責任分配的問題，責任過重可能造成防禦性醫療，進而損害病人權益；責任過輕，也可能卻無法擔保醫療品質，填補病人所受之損害[6]。

(二) 醫療事故之不可避免性

　　也有論者透過「哈佛醫療執業研究」（Harvard Medical Practice Study，又稱為哈佛研究，the Harvard study）指出：「每三件醫療傷害中，只有一件是醫療過失造成的，另外兩件則是治療過程中不可避免的併發症與副作用。現代醫學本質上的高風險與不確定性，使得醫療傷害可能永遠也無法避免[7]。」

　　哈佛研究係於 1986 年時，自 2,671,863 件 1984 年紐約州的病歷中，隨機選出 31,429 件進行分析，由兩位受過專業訓練的醫師判斷該病歷是否有醫療傷害，以及如果有醫療傷害，醫方是否有過失？研究結果顯示，約有 27.8% 的案件屬於過失行為所引起的醫療傷害，而 72.2% 則為非過失的醫療傷害，有可能是因為併發症、副作用或醫療意外所引起。而以此研究方法所進行的全球性醫療傷害研究則證明，「醫療糾紛多是因為醫療傷害多」、「醫療傷害多是因為醫療的進步」這兩個重要結論[8]。也說明了臺灣隨著醫療知識的進步與科技發展，醫療糾紛逐漸增加，將是無法避免的趨勢。思考透過何種方式始妥善解決醫療糾紛，將十分重要。

---

[5] 潘維大，醫療糾紛規則原因發展趨勢，台灣法學雜誌，160 期，頁 24，2010 年 9 月 15 日。

[6] 同前註，頁 114。

[7] 楊秀儀，醫療糾紛與醫療過失制度——美國經驗四十年來之探討，政大法學評論，第 68 期，頁 35，2001 年 12 月。

[8] 參考楊秀儀，「醫療法律研討會：醫療責任保險制度」簡報，2014 年 10 月 31 日。

(三) 醫療事故過失與損害之不平衡

醫療事故，某些時候並非全然是醫療人員的過失所造成，但只要有小小過失，便可能發生巨大的損害。學者指出，醫療錯誤往往與醫療傷害的大小沒有必然關係，即使是微小的錯誤，也可能帶來巨大損害。而嚴重的錯誤，卻也可能沒有造成任何損害結果。因此，應該將醫療錯誤視為風險控管、分散風險的問題，而不是一味要求醫療人員為醫療傷害的結果負責[9]。

另一方面，學者也指出：「嘗試錯誤是臨床醫學上必然的診療歷程，一位好醫師絕不是永不犯錯的醫師，而是可以將犯錯機率降至最低，並且能夠清楚地了解各種醫學機率與極限而面對錯誤改正的醫師[10]。」如果始終堅持以刑罰懲罰醫療錯誤、要求醫療人員承擔賠償責任，恐導致醫師不願意承認錯誤、隱藏與粉飾錯誤、防禦性醫療等等，不利於醫療品質與醫療進步的結果。

再者，根據美國與臺灣的實證研究都顯示，法官判決是否要賠償以及賠償的金額多寡，與醫療鑑定醫師是否有過失之結果，沒有直接關係，而關乎於病方是否受到傷害，以及傷害嚴重的程度。研究指出，臺灣病患是否受到傷害以及傷害的程度，是影響賠償與否的唯一變數，當病患受有身體傷害時，獲得賠償的機會是沒有受到身體傷害的 10.51 倍，而在病患死亡時，獲得賠償的機會是 12.57 倍[11]，而與醫療鑑定結果有無過失無關。藉此觀之，法院裁判有時似出於對病方受害的補償，而不在於醫方是否有過失，更何況醫療行為上的過失已經很難認定。這樣的實證結果，也令吾人進一步思考使用訴訟解決醫療糾紛的合理性。

---

[9] 許振東，醫療糾紛處理程序的現況與困境，台灣法學雜誌，第 142 期，頁 81，2009 年 12 月 15 日。

[10] 同前註，頁 81。

[11] 吳俊穎等，醫療糾紛民事訴訟時代的來臨，臺灣醫療糾紛民國 91 年至 96 年訴訟案件分析，臺灣醫學，14 卷 4 期，頁 367，2010 年。

二、臺灣醫療糾紛訴訟概況介紹

　　醫療糾紛發生時，解決的方式可以先區分為訴訟與非訟，當進入訴訟時，便能由醫療鑑定案件數，觀察訴訟案件數量的消長情形。根據根據行政院衛生署醫事審議委員會受理委託醫事鑑定案件數統計顯示，醫療糾紛鑑定案件從 1987 年的 145 件，至 2009 年達 557 件，2011 年達 547 件，鑑定案件數節節升高[12]。有學者歸納，臺灣醫療糾紛案件劇增之原因，可能為：一、醫療需求的不斷擴張；二、醫療期待的大幅提升；三、新興醫療儀器、藥品或治療方法的大膽嘗試運用[13]。

　　自 1991 年以來，學者吳俊穎就臺灣的醫療糾紛現況進行一系列的實證研究[14]。此研究包含三個部分[15]，第一部分是針對全國醫師公會登錄的所有醫師，進行全國性的醫師問卷調查，分別施行於 1991 年與 2005 年；第二部分，則是醫療糾紛鑑定之研究，研究範圍為衛生福利部醫事審議委員會，從 1987 年開始的所有醫療鑑定書，進行分析與相關研究；第三部分，則是醫療糾紛法院判決研究，蒐集於 2002 年至 2007 年間，以關鍵字[16]搜尋司法院法學資料檢索系統，再以人工逐筆確認篩選出所有與醫療糾紛相關的民刑事法律判決進行研究。此系列的研究，對於了解臺灣醫療糾紛訴訟的概況，有重要意義。

---

[12] 立法院公報處，立法院議案關係文書，院總第 1631 號，委員提案第 14167 號，頁 229，民國 101 年 10 月 31 日印發。

[13] 陳忠五，醫療糾紛的現象與問題，台灣本土法學雜誌，55 期，頁 1-4，2004 年 2 月。

[14] 同前註，頁 362。

[15] 吳俊穎等，實證法學：醫療糾紛的全國性實證研究，臺北：元照，作者序，2014 年 10 月。

[16] 刑事訴訟方面，檢索語詞設為「(醫師＋醫療)＆(業務＋過失)＆(致死＋致人於死＋死亡)」或「(醫師＋醫療)＆(業務＋過失)＆(傷害＋重傷)」，民事訴訟方面，檢索語詞設為「(醫師＋醫院)＆(疏失＋侵權行為＋過失)」同前註，頁 84。

　　根據上述對全國醫師所進行的問卷調查結果，在醫療糾紛發生時，會走入訴訟的比率也由民國 80 年的 15.7%，增加到 94 年的 23.1%[17]，呈現出臺灣越來越多人採取以訴訟作為醫療糾紛解決之方式。

　　本節也將以上述實證研究為主軸，呈現臺灣以訴訟作為醫療糾紛解決方式的相關實證資料。

(一)臺灣醫療訴訟類型概述

　　受害方最常提起者為民事訴訟與刑事訴訟兩種，刑事訴訟之目的，原則上在於發現真實，但論者亦指出由於制度設計面的關係，臺灣常見有「以刑逼民」的訴訟策略[18]。通常起訴的罪名，主要為刑法第 276 條第 2 項業務過失致死、刑法第 285 條第 2 項業務過失傷害等類型[19]。

　　論者指出，臺灣已經是極少數頻繁以刑事責任追究醫療過失之國家[20]。國外只有在幾乎重大（gross）或極端（radical）的情況下，才會要求醫師負

---

[17] 吳俊穎，同註 11，頁 366。

[18] 陳怡安認為原因係在於：(1)病家提起刑事告訴不需繳交裁判費，(2)刑事訴訟可藉由檢察官偵辦舉證，減輕病家舉證的勞煩，(3)「以刑逼民」的法律文化，(4)刑事過失與民事過失在法律實務上不作區分，(5)司法是被動的，只能配合病家所發動的刑事告訴或自訴訴訟程序。陳怡安，醫師執業上的犯罪狀況，臺灣醫界，2001 年，第 44 卷，第七期，醫事廣場。 蔡建興則認為：原因出自我國對於「過失」的定義不夠明確，且並未區分刑法與民法的不同注意標準，因此我國司法審判實務及醫療鑑定實務上，就醫療過失有無的說明與認定，多半不會區分刑事/民事醫療事件之注意標準。醫師即使只有輕微過失，造成輕微損害，亦可能構成我國刑法上之犯罪，因而造成以刑逼民之弊端。蔡建興，注意標準與醫療民事責任之變動與發展，收錄於：施茂林，法律風險管理跨領域融合新論，五南出版，頁 275，2013 年 9 月。

[19] 刑法第 276 條：(第一項)因過失致人於死者，處二年以下有期徒刑、拘役或二千元以下罰金。(第二項)從事業務之人，因業務上之過失犯前項之罪者，處五年以下有期徒刑或拘役，得併科三千元以下罰金。刑法第 285 條：(第一項)因過失傷害人者，處六月以下有期徒刑、拘役或五百元以下罰金，致重傷者，處一年以下有期徒刑、拘役或五百元以下罰金。(第二項)從事業務之人，因業務上之過失傷害人者，處一年以下有期徒刑、拘役或一千元以下罰金，致重傷者，處三年以下有期徒刑、拘役或二千元以下罰金。

[20] 蔡建興，注意標準與醫療民事責任之變動與發展，收錄於法律風險管理跨領域融合新論，五南出版，頁 275，2013 年 9 月。

擔刑事責任，否則通常以民事損害賠償處理。例如英國僅限於「誤殺罪」
（manslaughter），美國僅限於重大忽視醫學原理、重大專業選擇上的過失、
重大缺乏專業能力、不注意、魯莽而漠不關心（gross inattention）才論以醫
療刑事責任。中國刑法亦僅限於處罰「嚴重不負責任」所產生的死亡或嚴重
損害病人健康之行為[21]。然在臺灣，即使只是輕微的過失，亦可能構成刑事
犯罪。因此醫界抗議的聲浪不斷。

　　至於民事訴訟方面，學者指出臺灣責任體系，乃是過失責任主義：「當醫
療傷害是過失行為所引起時，由於臺灣同世界多數國家一樣，採取過失責任
主義，故由行為人依照過失的有無以及過失之比例來負責。主要的責任基礎
是民法第一八四條以下的侵權行為責任。……此一損害賠償責任的範圍包括
了病人財產上的損害，以及非財產上的損害[22]。」

　　若醫療傷害非因過失而引起時，其損害賠償責任的分配，則透過「告知
後同意法則」（the doctrine of informed consent）進行，「如果醫療行為有得到
病患之告知後同意，則一旦發生了可預見的醫療傷害，該傷害由病患自己承
受；反之，醫療行為沒有得到病患之告知後同意，則就該醫療行為所生一切
損害均應由醫師來負責[23]。」

　　而對於不可預見的醫療傷害，由於醫師並沒有任何過失，也因無法預見
難以進行傷害的告知，在訴訟上，並不需要承擔任何責任。受害人將無法獲
得任何補償，只能自行承擔醫療傷害的後果[24]。

　　在這樣的情形下，訴訟的損害填補的功能有限，僅能透過非訴訟的方式
填補。例如，採取醫療無過失補償制度（medical no fault compensation）之方
式。除了本書所研究的「生育事故補償計畫」之外，現在已推行的「預防接
種受害救濟要點」、「藥害救濟辦法」，以及 2014 年新推行的「手術及麻醉事

[21] 同前註，頁 275。

[22] 楊秀儀，同第 1 章註 3，頁 125。

[23] 同前註，頁 126。

[24] 同前註，頁 127。

故補償辦法」皆帶有無過失補償制度的性質。

(二)臺灣醫療訴訟增加之研究

醫療訴訟涉及專業知識，需要有特別經驗與專業之專家，就現代醫學知識實施鑑定，以供檢察官與法院參酌[25]。因此，從醫療鑑定案件數的消長之中，便能推估臺灣醫療訴訟案件之消長。研究統計，民國七十年代到九十年代間，醫療事故鑑定的申請案件數量逐年上升，民國 70 到 80 年間，十年來的申請案件數為七百餘件，然而民國 86 年到 90 年間，五年來申請案便達一千五百餘件[26]。其中，經醫事審議委員會鑑定無疏失的比例佔 61.1%，有疏失的比例佔 12.8%。

圖表 4　歷年醫事鑑定案件科別統計（黃鈺媖，2004[27]）

案件科別	76-80 年	81-85 年	86-90 年	合計	百分比
內科	119	193	218	530	17%
婦產科	93	152	249	494	16%
外科	85	103	204	392	12%
小兒科	95	99	159	353	11%
神經外科	73	54	122	249	8%
骨科	31	74	114	219	7%
心臟科	30	22	76	128	4%
眼科	25	34	52	111	4%
泌尿科	17	27	42	86	3%
神經科	7	33	20	60	2%
耳鼻喉科	13	24	11	48	2%
麻醉科	19	8	21	48	2%

---

[25] 吳俊穎等，醫療糾紛鑑定的維持率：二十年全國性的實證研究結果，科技法學評論，10 卷 2 期，頁 208，2013 年 10 月。

[26] 黃鈺媖，同第 1 章註 42，頁 22。

[27] 同前註。

胃腸科	9	6	32	47	1%
整形外科	14	11	13	38	1%
胸腔內科	10	3	232	36	1%
精神科	10	9	17	36	1%
腎臟科	8	7	12	27	1%
過敏免疫風濕科	5	5	15	25	1%
心臟血管外科	3	5	14	22	1%
胸腔外科	5	6	10	21	1%
直腸外科	2	12	7	21	1%
傳染病科	8	2	7	17	1%
家庭醫學科	0	0	2	2	0%
其他	37	32	69	138	4%
合計	718	921	1509	3148	100%

圖表 5　歷年醫事案件鑑定統計結果（黃鈺媄，2004[28]）

年份/鑑定結果	70-80	81-85	86-90	合計	百分比
無疏失	470	491	961	1922	61.1%
有疏失	51	59	193	403	12.8%
可能有疏失	66	55	84	205	6.5%
無法認定可能有疏失	11	71	116	198	6.3%
非醫療糾紛	3	31	129	163	5.2%
資料不足需再鑑定	8	27	9	44	1.4%
撤回未審議	15	11	7	33	1.0%
其他	94	76	9	179	5.7%
合計	718	921	1508	3147	100.0%

　　根據 2012 年的醫療糾紛鑑定現況分析，平均一件醫事鑑定案件，從收案到做成決議，平均需費時 300 天[29]，耗費時間甚長。而法院在得到鑑定結果

---

[28] 同前註。

[29] 李明濱等校閱，醫療安全暨品質研討系列《45》101 年度醫療案例學習討論會：醫事糾紛鑑定與法律實務，臺灣醫界，55 卷 6 期，頁 30，2012 年 6 月。

之後，形成確定判決，又將是一段漫長的等待。研究顯示，一場醫療訴訟，要獲得確定判決，平均花費的時間以兩年到四年，最為常見[30]

另有研究者再就 2002 年至 2007 年間的醫療訴訟案件，進行司法院裁判實證研究[31]，臺灣的醫療訴訟案件數仍持續逐年增加，特別是在民事醫療訴訟的部分。民國 91 年的民事醫療案件為 53 件，到 96 年時已經成長為 190 件，民事醫療訴訟的案件數節節升高。

圖表6　臺灣 91 年到 96 年民事醫療訴訟案件成長趨勢圖（吳俊穎，2010[32]）

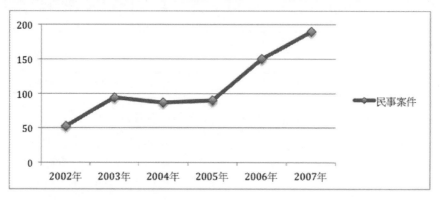

(三) 臺灣醫療訴訟原告勝率之研究

如下圖所見，若以勝敗訴的比例觀之，病方在地方法院的民事勝訴率僅 17.7%，在高等法院的勝訴率為 28.0%，刑事公訴案件在地方法院及高等法院的勝訴率為 40.7% 及 41.1%，刑事自訴案件則為 7.1% 及 10.0%。

---

[30] 黃鈺媖，同第 1 章註 42，頁 26。

[31] 吳俊穎，同註 11，頁 359-369。

[32] 同前註，頁 362。

圖表 7　病方勝訴率，依照訴訟方式分類（吳俊穎，2010[33]）

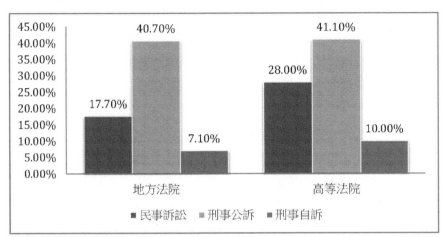

如下圖所見，平均統計的勝訴率只在 37.5%（民事）與 32.5%（刑事）左右[34]。此數據遠比研究者統計，民國 88 到 90 年，全部民事訴訟案件的原告平均勝訴率 81.67% 為低[35]。

圖表 8　病方民事與刑事個案最終判決勝訴率　（吳俊穎，2010[36]）

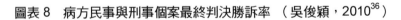

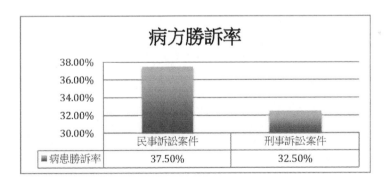

---

[33] 同前註，頁 366。

[34] 同前註，頁 365。

[35] 連吉時，同第 1 章註 36，頁 75。

[36] 吳俊穎等，同註 11，頁 366。

(四) 訴訟模式解決醫療糾紛之侷限

由上述實證資料可以了解到，訴訟模式，有著訴訟時間長、勝訴率低的特性。對於醫方來說，纏訟多年與鉅額賠款是很大的壓力；對於病方來說，參與訴訟也蒙受巨大的時間與金錢耗損，勝訴率又較一般訴訟為低，不見得能在心理上達到「獲得說明」或實質上「獲得賠償」的訴訟目的。

在沒有病患補償基金的情況下，有人形容：「所有醫療過失被害者，均必須靠單兵作戰，仰賴自己的力量各處尋求奧援，有的受害者或許循傳統訴訟程序，但是必須有堅強的意志力與經濟能力，得以度過經年累月的訴訟程序與委請律師的費用[37]」，而另外一些，無資力提起訴訟，或不願意苦苦等待訴訟程序進行的受害人，便可能採取抬棺抗議、撒冥紙、請黑道介入威脅等非理性的方式，期待醫方因為困擾畏懼而給予賠償。但這樣的做法卻可能是讓受害方也吃上官司，無法妥善得到扶持與照護，兩敗俱傷[38]。

在法律裁判方面，學者亦注意到，醫療訴訟，具有醫療過失因果關係證明不易，責任範圍難以歸屬的特質[39]。因此，若利用非黑即白的裁判模式，將難以妥善定紛止爭。故學者也指出，對於此一類無法預見或無法避免的損害，不應走法院程序，而宜以醫療意外補償制度加以填補，以確實達到維護病人福祉、減低醫療訴訟的目的[40]。

---

[37] 黃國宸，同第 1 章註 35，頁 473。

[38] 同前註， 頁 473。

[39] 許振東，同註 9，頁 81。

[40] 楊秀儀，論醫療糾紛之定義、成因與歸責原則，台灣本土法學雜誌，第 39 期，頁 126-128，2002 年 10 月。

三、產科醫療訴訟之實證研究

本節將透過婦產科醫療糾紛訴訟的實證研究，討論包含產科事故的相關訴訟。主要援引的實證研究有二，其一為黃鈺媖碩士論文中所進行，民國 88 年到 92 年的婦產科民刑事訴訟分析研究[41]。其二為潘恆新就 85 到 94 年間，根據所蒐集到的 102 件司法院終局判決進行之分析[42]。上述實證資料所呈現的訴訟現象，可歸納為以下幾點說明：

(一) 婦產科醫療糾紛案件增加

在醫療訴訟不斷增加的同時，婦產科的醫療訴訟也隨之增加，如下圖所示，從 75 年到 93 年，婦產科的醫療鑑定數成長了將近三倍之多。研究並指出，婦產科醫療糾紛增加，甚至位居所有醫療糾紛之冠的現象，在美國與日本亦然[43]。(見下頁圖表 9)

(二) 婦產科醫療事故之被告敗訴賠償金額逐年升高

根據黃鈺媖的分析，婦產科醫療事故的判決賠償金額，平均約是 100 萬元。判決的慰撫金額，則是逐年升高，由 100 萬元以下攀升至 300 萬餘元[44]。研究者並指出，以婦女受傷和新生兒受傷的狀況相比，新生兒受傷所得到的賠償更多，有的案子高達 700 萬元。原因可能是考量到新生兒受傷後，需要估計漫長的照護年限及金錢支出的緣故。

---

[41] 黃鈺媖，我國婦產科醫療糾紛裁判之實證研究——理論與實務之檢討，國立臺灣大學法律學系所碩士論文，2004 年 6 月。

[42] 潘恆新，我國婦產科醫療糾紛案例解析，台灣法學雜誌，頁 49-53，2010 年 5 月。

[43] 黃鈺媖，同第 1 章註 42，頁 23。

[44] 連吉時，同第 1 章註 36，頁 77。

　　根據潘恆新的研究分析，在 102 個婦產科案件中獲得賠償的比例為 23.5%，平均獲賠償金額約為 852 萬，但是標準差 1,232,726 過大，因此改以最大值、最小值與眾數呈現賠償情形。賠償金額的眾數為 20 萬元。

圖表 9　歷年婦產科醫療糾紛的成長趨勢，作者整理本書圖表 4 資料製作。

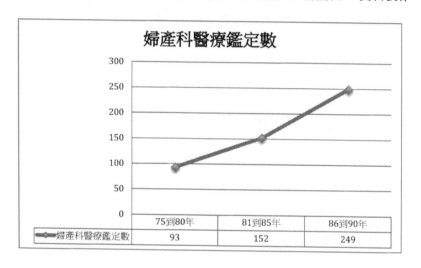

圖表 10　賠償金分布表（潘恆新，2010[45]）

項目	次數	百分比	最大值	最小值	眾數
有賠償	24	23.5	5,700,000	70,000	200,000
沒有賠償	78	76.5			
總計	102	100			

[45] 潘恆新，我國婦產科醫療糾紛案例解析，台灣法學雜誌，頁 51，2010 年 5 月。

(三) 產科事故平均訴訟時間漫長

　　研究顯示，一場醫療訴訟，從開始至獲得確定判決，平均花費的時間以兩年到四年最為常見，研究者統計，各個產科醫療行為類型的所花費的平均訴訟時間，可區分為：羊水栓塞 42 個月，難產與生產併發症 34 個月，妊娠毒血症 51 個月，肩難產 34 個月等等，經過計算，與生育事故有關之訴訟平均費時約為 40.25 個月，長達三年有餘，相當曠日費時[46]。

圖表 11　民國 88-92 年生育事故訴訟案件類型與花費時間，整理自（黃鈺媖，2004[47]）

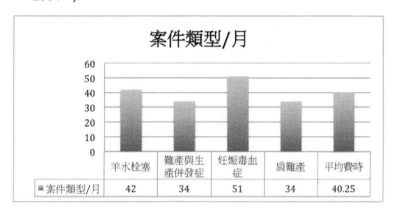

　　若以訴訟原因區分，與生育事故明顯相關的醫療訴訟，就佔了產科醫療訴訟中接近四成[48]。其中以羊水栓塞佔了 12.5%為最高。

---

[46] 黃鈺媖，同第 1 章註 42，頁 27。

[47] 同前註。

[48] 同前註，頁 47。圖 2.10 的整理，將羊水栓塞 12.5%、難產生產併發症 8.34%、妊娠毒血症 6.67%、肩難產 11.67，加總起來佔全體婦產科醫療糾紛的 39.18%。

圖表 12　民國 88-92 年產科事故類型佔婦產科醫療事故比例，整理自（黃鈺媖，
　　　　2004[49]）

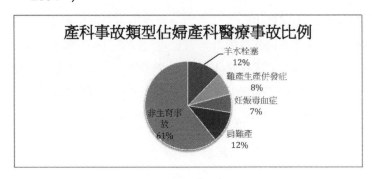

(四) 產科事故訴訟提出刑事訴訟比例高

　　從民刑事提出的比例觀之，也能發現與生育事故有關的案例出現時，多半會提出刑事訴訟或刑事、民事皆提告，這可能是帶給醫師極大壓力的原因。

圖表 13　民國 88-92 年生育事故民刑事訴訟比例，整理自（黃鈺媖，2004[50]）

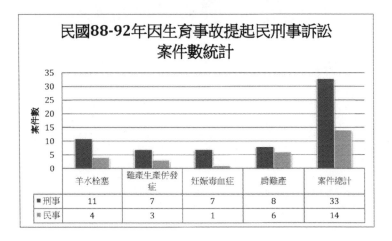

	羊水栓塞	難產生產併發症	妊娠毒血症	肩難產	案件總計
刑事	11	7	7	8	33
民事	4	3	1	6	14

---

[49] 同前註，頁 31。

[50] 同前註，頁 36。

（五）產科事故訴訟的勝訴率偏低

　　研究指出，婦產科醫療訴訟的民事訴訟勝訴率與刑事判決定罪率，都較一般判決為低[51]。特別值得注意的是，生育事故相關訴訟，又比一般婦產科醫療訴訟的勝訴率為低，特別是，十五件羊水栓塞的訴訟，無一勝訴。由此似乎可看出生育事故受害方在利用訴訟途徑尋求資源時，所遭遇的困難。下表將可以看出各種生育事故訴訟的民刑事勝訴率：

圖表 14　民國 88-92 年間產科事故民刑事勝訴率分佈，作者整理黃鈺媖研究製作[52]

類型	判決總數	勝訴	敗訴	勝訴百分率
羊水栓塞	15	0	14	0
難產生產併發症	10	3	7	30%
妊娠毒血症	8	2	3	24%
肩難產	14	3	10	21.43%
生育事故平均勝訴率				約25.14%
婦產科醫療事故平均勝訴率				約32.50%
88-90年民事訴訟平均勝訴率				約81.67%

四、小結：以訴訟解決醫療糾紛之困境

　　綜合以上實證資料的結果，將能發現使用訴訟解決醫療糾紛，將可能產生如下困境：

---

[51] 同前註，頁 50。

[52] 同前註，頁 49。

(一) 原被告對訴訟滿意度低

由於醫療糾紛在審理過程中，需要經過醫療鑑定、研究醫學專業知識，因此耗費時間甚長[53]，訴訟長期化之結果，對醫病雙方都是壓力與折磨。

此外，以勝負區分的裁判制度亦引起醫方防禦性醫療的反彈、及激化醫病間的對立。醫病雙方皆須耗費大量時間金錢；同時，醫師與醫療機構在訴訟過程中，深感名譽受損，患者也因為與醫師敵對，難以再相信醫師。因此有學者建議，醫療相關糾紛，宜採取裁判外的糾紛解決程序解決[54]。

(二) 判決專業性受質疑

在部分專業性較高的案件類型中，例如醫療案件，所涉及的知識專業性極高，法官往往不具備審理該案件的專業知識，過度仰賴專業人士提供鑑定結果，所形成的判決因此常受到質疑與批評[55]。採用醫療鑑定結果，將受到鑑定結果乃是「醫醫相護」之懷疑；若不採取鑑定結果作為判准，又遭人批評「不尊重專業」，法官著實左右為難。

醫療民事責任方面，由於醫療行為的高度專業性與不確定性，無論是要確認醫師過失是否存在，或因果關係是否成立，對法官而言，皆非易事[56]。因此有學者建議，宜考慮採取訴訟外糾紛解決機制，解決醫療糾紛。

(三) 判決公平性受質疑

醫療行為本身即具有侵入性及不確定的性質，本身即屬於「傷害行為」，

---

[53] 曾淑瑜，建構醫療糾紛裁判外紛爭解決模式——引進日本 ADR 制度，月旦法學雜誌，160 期，頁19，2008 年 9 月。

[54] 同前註，頁 20。

[55] 張麗卿，刑事醫療訴訟審判之實務與改革——兼評最高法院 96 年度台上字第 4793 號判決，月旦法學雜誌，196 期，頁 165，2011 年 9 月。

[56] 陳聰富，醫療責任的形成與展開，臺大出版中心，頁 29，2014 年 5 月。

醫療行為只要稍有不慎，就會造成傷害結果。醫師行醫之動機是為了救人、治病，將醫療行為所造成的死亡，視同一般傷害或致死行為，以刑事責任追訴，不無疑問[57]。

　　在臺灣刑事制度下，還具有「以刑逼民」，也就是刑事案件附帶民事訴訟的型態[58]。「以刑逼民」帶有威嚇性、無庸繳納民事訴訟裁判費之特性[59]，但卻有和解後無法確定檢察官不會起訴；可能使醫療機更為緊張及更具敵意；主張侵權行為請求權基礎須待刑事訴訟程序確定；主張契約請求權基礎非屬刑事附帶民事訴訟之範圍；浪費訴訟資源、扭曲訴訟制度；不符律師倫理等可能的缺點[60]。由此觀之，繼續使用訴訟制度解決醫療糾紛，實非化解醫病對立與矛盾之良策。

(四) 無法填補受害方之損害

　　以過失賠償責任進行判準的方式，使病方所受的損害，僅有在證明對方過失時始獲得補償，因此請求補償極為困難。學者 Krauss 亦指出數款醫療糾紛不應使用侵權行為法（Tort law）之填補病方損害之理由：第一，侵權行為法並不是不幸損失的保障；第二，侵權行為法並不是為了減少風險而設計；第三，侵權行為法並不是國家用來補償給無辜受害者的管道。第四，侵權訴訟並不是一個用以表達公眾憤怒的機制；第五，侵權行為法並不是一個恰當的資源再分配機制，因為侵權行為法源自於矯治正義（corrective justice）之概念，而資源再分配則屬於分配正義（distributive justice）之概念[61]。

---

[57] 同前註，頁 8。

[58] 刑事訴訟法第 487 條第 1 項：「因犯罪而受損害之人，於刑事訴訟程序得附帶提起民事訴訟，對於被告及依民法負賠償責人之人，請求回復其損害。」

[59] 李念祖等，我國仲裁與訴訟制度解決醫療糾紛之比較，載：訴訟外紛爭解決機制，頁 233，2012年 2 月。

[60] 同前註，頁 235。

[61] Michael Krauss, *A medical liability toolkit, including ADR*, 2 Journal of Law: A Periodical Laboratory of Legal Scholarship, 349, 354(2012).

　　基於以上幾點分析，本書以為，一個更好的醫療糾紛解決模式，不是在醫療不幸的結果發生時，尋找特定可歸責的個人作為代罪羔羊，而是關注於如何改進有瑕疵的醫療行為。如此的認知，已是近代醫療糾紛解決研究發展之趨勢[62]。

---

[62] Steven E. Raper,*Announcing Remedies for Medical Injury: A Proposal for Medical Liability Reform Based On the Patient Protection and Affordable Care Act*, 16 Journal of Health Care Law and Policy 309,317(2013).

第三章
訴訟外糾紛解決機制與醫療糾紛之解決

一、訴訟外糾紛解決機制（ADR）解決醫療糾紛之可能性

　　除了透過訴訟裁判的方式解決醫療糾紛，近年美國等先進國家，考量到訴訟外糾紛解決程序（Alternative Dispute Resolution, ADR）所帶來能降低當事人間對立與減少訴訟費用的好處，以及觀察到瑞典、紐西蘭等國家施行的成功經驗。皆逐漸研議透過 ADR 的方式，用以解決醫療糾紛。也引發一股對於替代性糾紛解決機制的研究熱潮。

　　訴訟外糾紛解決程序（Alternative Dispute Resolution, ADR），有學者認為定義可分為廣義與狹義，在廣義上，只要是經由法院以審判方式解決糾紛之外的解決方式，都能稱為 ADR[1]。狹義上，則認為必須限於有第三人、沒有拘束力的糾紛解決模式[2]。常見的方式主要有仲裁 （arbitration）、和解（negotiation）、調解（mediation）等，並也可能有兩者並用的類型[3]。

---

[1] 劉宗德，「裁判外紛爭解決制度與法之支配」之研究，國科會研究計畫，頁 1，2004 年 8 月 1 日到 2005 年 7 月 31 日。

[2] 同前註，頁 16。「美國學者論及 ADR 時，就狹義而言，乃從為促進合意，利用中立第三者沒有拘束力之代替紛爭解決，有拘束力之仲裁及某些私的裁判(private judge)，因其本質上近於裁判(adjudication)，故不包含之。」

[3] 沈冠伶、陳英鈐，仲裁、程序選擇權與訴訟權之保障——以政府採購法第85條之第2項規定為例探討法 定仲裁之相關問題，月旦法學雜誌，第 158 期，頁 217，2008 年 7 月。

有學者透過表格，比較訴訟與 ADR 模式之差異：

圖表 15　訴訟與訴訟外紛爭解決模式（ADR）之差異比較（曾淑瑜，2008[4]）

訴訟	訴訟外糾紛解決模式（ADR)
結果一定是100與0之勝負	可採用比例解決之方式，結果較為多樣性
必須判斷是否符合請求權之構成要件事實	可多樣性地解決案子之內容、當事人之請求
應依三段論法導出結論	無適用三段論法之必要
紛爭之解決需依所訴請求權決定	不拘泥請求權之形式，且依事實問題處理
須遵守證據法則及言詞辯論程序之規定	程序較為彈性且無一定之形式
採公開原則	為保障當事人隱私權，採非公開原則
在審理過程中，當事人無法知悉法官心證，對判決結果預測不可能	儘量開示心證以解決爭議，當事人對結果預測可能性比較高
重點集中討論過去事實	關心當事人將來之意思

美國學者的研究認為，透過 ADR 方式解決醫療糾紛時，與一般訴訟方式較之更為公平，且更節省成本，更有效率，所形成的結果也更為公正[5]。因此，期待能透過訴訟以外的新制度，更加妥善地解決因醫療事故引發的各種糾紛。

以 ADR 解決醫療糾紛的方法很多，如前揭所提之仲裁、調解皆不失為方法。但是，有學者分析美國現階段所嘗試的幾種訴訟改革，無論是屬於 ADR 方式的仲裁與調解；或是自訴訟程序上加以改革，如限制精神損失的求償金額、限制醫療訴訟的律師費費用、或設置醫療審查專庭等。大部份的改革，多半只關注於「減少訴訟」，而非「補償受害的病人」或「提升醫療照顧品

---

[4] 曾淑瑜，同第 2 章註 53，頁 20。

[5] Duncan MacCourt & Joseph Bernstein, *Medical error reduction and tort reform through private, contractually-based quality medicine societies*,35 AM. J. LAW MED.,505,524(2009).

質[6]」。

在諸多改革方式之中，僅有無過失補償模式（no-fault compensation scheme），最能有效率地達成補償受害病人與錯誤預防的效果。這是由於醫方在無過失補償模式下，較不必擔心鉅額賠償與污名化，而能將一切資訊用於技術改善、學術研究與錯誤預防之緣故[7]。

二、醫療無過失補償之法理

無過失補償制度，是在利用訴訟外糾紛解決機制解決醫療糾紛解決的議題上，受到廣泛討論的一個類型。本節將探討醫療無過失補償的法理。論者指出：「傳統的民事損害賠償是以過失責任制度為基礎，亦即醫療提供者只有在醫療傷害的發生，是因其過失行為所造成時，才要負賠償責任[8]。」然而醫療行為的「醫療過失」與「因果關係」證明不易，即使當事人與法院耗費精神，嘗試釐清責任歸屬，仍不易決定責任之歸屬，因此產生了醫療糾紛處理的困境[9]。

無過失補償，是有別於「侵權行為損害賠償」的新概念，係為了補充損害賠償所無法解決的無過失受害人補償問題，以下將先由損害賠償的概念進行說明。

---

[6] Jeremy Coylewright, *No Fault, No Worries Combining a No-Fault Medical Malpractice Act with a National Single-Payer Health Insurance Plan*, 4 IND. HEALTH L. REV. 31.43(2007).

[7] Id., at 46.

[8] 許振東，論我國實施醫療傷害無過失補償制度之可行性，臺灣法學雜誌，第 164 期，頁 61，2010 年 11 月 15 日。

[9] 同前註，頁 61。

(一) 損害賠償責任之侷限

侵權行為損害賠償，是一種將損害移轉的概念，將被害人所受之損害，轉由加害人承擔，或是由創造危險的企業，透過保險或價格機制分散該損害[10]。於侵權損害賠償的規範體系裡，一旦發生損害，就應開始尋找歸責的對象。可歸責的對象可能為特定人（加害人）、受害人或第三人。如果沒有任何人對損害的發生有過失，則該損害便只能由受害人承擔[11]。

論者指出：

> 這樣的歸屬結果一般來講最有效率。蓋一方面每一個人會為避免負損害賠償責任，原則上會按法律所要求之注意程度，採取必要之防護措施，在這當中可以參酌防護之效益，設定注意程度，使注意費用之支出效率最大化。在該制度下萬一有不能受賠償之受害人，對於該受害人之棄之不顧的社會成本，應已在前述注意程度的規範中精算清楚。於是這些受害人將成為現代經濟效率之要求下的犧牲者[12]。

亦即，通常在無他人過失而致生損害的情況下，將賠償損害的責任交由受害人自行承擔。正面而言，將能促使受害人自己提高注意義務，最有效率地減少注意成本。反面而言，將發生的損害任受害人自行解決，卻也可能使受害人陷入極其艱難的處境。

考慮到某些由受害人自行承擔損害結果，可能過於嚴苛的特殊狀況，立法者在「過失損害賠償」的原則以外，又設計出「無過失賠償」、「無過失補

---

[10] 江俊彥，民法債編總論，新學林，頁 261，2011 年 9 月。

[11] 黃茂榮，債法總論(二)，植根法學叢書，頁 168，2010 年 9 月。

[12] 同前註，頁 169。

償」等責任歸屬態樣，分散受害人概括承擔損失的困境。

(二) 無過失賠償責任之影響

以「無過失賠償」而言，最直接的辦法是由賠償義務人負危險責任[13]，學說上又稱為「無過失責任」或者「嚴格責任」（strict liability）[14]。無過失賠償責任乃是基於近代科技技術進步，汽車、鐵路、航空等各種危險事業增加，但所產生之損害極難證明企業本身具有故意過失，而使得被害人之損害難以填補。因此遂規定某些類型下，行為人雖無故意過失，仍須對損害之發生負填補之責[15]。其類型可分為：

(1)由特定危險事務享受利益，就此危險所生損害之賠償責任；

(2)基於法律特許，利用他人物品所生損害賠償責任；

(3)基於法定擔保義務，尤其因自己行為創造之信賴要件，而產生之損害賠償責任[16]。

現行臺灣危險責任之規範有：消費者保護法第 7 條、民用航空法第 89 至 93 條，核子損害賠償法第 18 條以下，公路法第 64 條第一、二項等規定。

在醫療糾紛訴訟實務上，為了使被害人之損害得以填補，亦有醫療行為，是否適用臺灣消費者保護法第 7 條無過失賠償責任之論辯[17]。然而醫療行為是否屬於應負擔無過失賠償責任之「危險活動」？於臺灣最高法院 96 台上 450 號判決指出：

---

[13] 同前註，頁 169。

[14] 江俊彥，同註 10，頁 262。

[15] 同前註，頁 261。

[16] 王澤鑑，損害賠償之歸責原則，民法學說與判例研究(一)，頁 345。，2009 年 12 月。

[17] 最受關注之案件乃為 1994 年發生的馬偕醫院肩難產事件，相關資訊可參考：臺灣臺北地方法院 85 年度訴字第 5125 號判決(一審)、臺灣高等法院 87 年度上字第 151 號判決(二審)、最高法院 90 年度台上字第 709 號判決(三審)。

醫療行為並非從事製造危險來源之危險事業與活動者，亦非以從事危險事業或活動而獲取利益為主要目的，亦與民法第 191 條之 3 之立法理由所例示之工廠排放廢水或廢氣、桶裝瓦斯場裝填瓦斯、爆竹廠製造爆竹、舉行賽車活動、使用炸藥開礦、開山或燃放焰火等性質有間，並無民法第 191 條之 3 之適用。」由此可知道醫療行為在實務上，並不屬於危險活動，按理應無無過失賠償責人之適用。

於此可見，對於醫療行是否適用消保法第 7 條之見解，實務上採取否定說，最高法院 97 台上 741 判決亦說明：

醫療行為適用消費者保護法無過失責任制度，反而不能達成消費者保護法第一條所明定之立法目的，是應以目的性限縮解釋之方式，將醫療行為排除於消費者保護法適用之範圍之列，參以九十三年修正之醫療法第八十二條第二項，已明確將醫療行為所造持之損害賠償責任限於因故意或過失為限，醫療行為自無消費者保護法無過失責任之適用。

學者指出，若貿然由醫師或醫療機構負無過失損害賠償責任，恐怕引起受害人與加害人間之對抗，無助於了解真相、改善真相。醫方在沒有適當途徑能轉嫁賠償風險的情況下，很可能會使醫師或醫療機構退出難以克服醫療危險責任的市場，或採取防衛性醫療等方式拒絕提供服務，引起醫病雙方對立、醫療資源流失等負面影響[18]。因此，要求醫方負擔無過失賠償責任之論述，近年來已不為臺灣實務所採。

---

[18] 張麗卿，同第 2 章註 55，頁 169。

(三) 無過失補償制度說明

在了解到過失賠償制度的不足，與無過失賠償可能帶來的問題後，許多國家進一步嘗試使用「無過失補償」（no fault compensation）的方式，來補償醫療事故受害方的損失。此概念係將行為人的過失責任與對受害人的補償分開。即使行為人沒有過失，國家基於「分配正義」的觀點，仍應採取適當措施分散此無過失行為而引起的損害[19]。

「分配正義」的概念，源於亞里斯多德的正義論。亞里斯多德將正義分為分配正義（distributive justice）與矯治正義（rectificatory justice）兩種。其中分配正義指的是「基於公平分配財貨或資源的正義[20]」，矯治正義則是「對於某種不義的結果或事實，進行矯正或重新分配的正義[21]」。一般而言，矯治正義的概念較為人所熟悉，當一個人對他人造成損害時，行動者與受害者就產生了不平等。而法律或法官即有責任查明緣故，透過強制力，在一個人的「得」與另一人的「失」之間，恢復平衡的狀態[22]。

分配正義的概念則不然，它並不只是像算數學一般計算平均分配資源，追求齊頭式的平等，而是在考量到各種不平等的狀態後，分配以不同程度的資源，以達到實質上的公平，並不以得失之間的因果關係作為考量重點。美國法理學家羅爾斯（John Rawls）在「正義論」（A Theory of Justice）、「公平即是正義」（justice as fairness）、「分配的正義」（distributive justice）等著作中，曾就此概念詳加探討。他指出，應給予處於劣勢者某種差別待遇或補償，以有別於追求集體最大利益，而犧牲少數弱勢的功利主義之「效率原則」[23]。而這也是無過失補償法理的精神所在。

---

[19] 同前註，頁 170。

[20] 黃藿，亞里斯多德的正義觀，哲學與文化，第 23 卷第 1 期，頁 1180，1996 年 1 月。

[21] 同前註，頁 1180。

[22] 同前註，頁 1184。

[23] 胡興梅，羅爾斯正義評論簡介，共同科學期刊，3 期，頁 172，1994 年 6 月。

　　有學者指出，當規範設計的目的在於過失的防範時，適用過失責任原則，此為矯治正義在損害賠償法上的展現。而若規範設計目的係在於損害分散上，則傾向於分配正義[24]。

　　所謂的無過失補償制度，係指「透過立法的手段，利用行政力量的介入，以強制保險或成立補償基金的方式，對遭受醫療傷害的病人，提供迅速的補償[25]」，在此制度之下，補償的對象係根據事先訂好的補償條件來決定是否可獲得補償，不必取決於醫療行為是否有過失，理論上，將能節省許多處理的成本[26]。早在 1990 年，國外學者便指出：「醫療過失訴訟產生防禦性醫療，有害於醫病關係，並造成醫生與病人雙方的創傷。若能引進無過失補償制度，則可以減少損害[27]。」

　　在推行醫療無過失補償制度時，則有學者建議應關注以下幾個考量[28]，第一，實施的時空環境是否成熟；第二，審查組織的設計與效率是否可能；第三，預防傷害機制的配套是否健全；第四，財務負擔精算是否確實可行。

　　臺灣在 2006 年時，亦曾行政院衛生署進行「醫療事故補償或救濟制度之相關研究[29]」，討論建立無過失補償制度的可能性。研究中提及，臺灣在當時並無針對並無針對醫療過失案件之特別制度。在醫療行為無過失的狀況下，尚缺乏給予受害人補償的制度[30]，而研究的結果，則認為推動醫療事故的無

---

[24] 無過失責任可分為四類，第一，衡平考量當事人之經濟情況為基礎之衡平責任如民法 187 第三項 188 第二項，第二，以行為人引入生活或事業上不必要之危險為基礎之危險責任，如民法 190 之 1，第三，以行為人引入生或事業上必要之危險為基礎之危險責任，如消保法 7，強制汽車保險法 5 保全業法 15，第四，以義務人違反第一次義務導致有因果關係之損害為基礎的違法責任，民法 174.231。同註 3，頁 169。

[25] 許振東，同註 8，頁 61。

[26] 同前註，頁 61。

[27] Diana Brahams, No Fault Compensation, 336 THE LANCET 1499, 1500(1990).

[28] 許振東，同註 8，頁 63。

[29] 連吉時，同第 1 章註 36，頁 1。

[30] 同前註，頁 470。

過失補償制度，有其必要性。

三、訴訟外醫療無過失補償制度之早期發展

於本節中，將介紹世界上最先推行醫療無過失補償制度的兩個經驗，分別為瑞典的「病人補償保險」，即紐西蘭的「意外補償制度」。紐西蘭的「意外補償制度」，雖先較瑞典先一年實施，但是該制度的補償範圍並不止限於醫療傷害。因此本節中，先就第一個純粹以醫療無過失補償作為制度設計的瑞典經驗談起。

(一) 瑞典「病人補償保險」與「病人傷害法案」[31]

1. 病人賠償保險

瑞典的「病人補償保險」（Patient Compensation Insurance），是在探討醫療糾紛無過失補償制度時，絕不容忽略的經驗。因為這是世界上第一個，施行醫療傷害無過失（medical no-fault）補償制度的國家。早在 1975 年，瑞典便發展出透過保險基金，解決醫療糾紛的創新制度。和臺灣與美國現況有所差異的是，瑞典並未經歷醫療糾紛增加所引起的困境，而是因為發現醫療傷害在過失認定上，十分困難，因此受到醫療傷害的病患往往很難得到賠償。

然而，若立法擴張醫師責任，又會引起醫病關係惡化之反彈，因此瑞典朝野有了要以訴訟外方式解決醫療傷害問題的共識。是故，瑞典的病人賠償保險制度，與醫師懲戒制度有所區分。醫師在協助病人申請保險時所承認的「錯誤」，並不會遭到懲戒。這使得醫師更樂於協助病人申請保險，並且更願

---

[31] 參見楊秀儀，瑞典「病人賠償保險」制度之研究──對臺灣醫療傷害責任制之啟發，臺大法學論叢，第 30 卷第 6 期，頁 165-194，2001 年 11 月。

意承認自己的醫療疏失[32]。

該保險的要保人是負責瑞典公共衛生制度的瑞典郡議會（county councils），被保險人是所有在瑞典公立醫院就醫的病人，承保人則是由許多私人保險公司所共同組成的「保險公司協會」（Consortium of Insurers），該協會最主要的參與企業是「斯堪地人壽」（Skandia Life），對於私人的醫療機構，雖然不強制加入保險，但也幾乎全部的機構都自行加入，因此對於病人的保障相當全面。保險的保費採回溯方式計算，依照過去一年的理賠支出與營運成本，計算出保人應該支付的保險費。瑞典郡議會以稅收支應保費支出，私人醫療機構則自行繳交保費。

該保險所理賠的事故則稱為「醫療傷害」，論者指出，醫療傷害的範圍可以分為五種類型：

(1)因檢驗、治療而直接產生但卻可以避免之結果，又稱為「真正醫療傷害」。

(2)因不正確之診斷所產生之醫療傷害，又稱為錯誤醫療傷害。

(3)因為醫事人員所應負責之原因，或因為醫療儀器之瑕疵，所產生的醫療傷害。又稱為意外醫療傷害，但如果該意外是治療疾病的正常風險，則不屬於保險所認可的意外醫療傷害。

(4)因治療過程所感染的併發症或傷害，又稱為感染醫療傷害。但此標準的認定逐漸嚴格，如果所進行的治療行為本身即可能提高風險，則不會在理賠範圍之內。

(5)因普通的疾病接受治療，卻發生不合理的嚴重結果。本類型於 1992 年新增，因為這樣的傷害不具備「可避免性」，所以保險增列為賠償的條件之一[33]。

另外，該傷害的發生必須具備一定的嚴重性，例如生病 30 日以上、住院

---

[32] 同前註，頁 178。

[33] 同前註，頁 172。

10 日以上、永久性殘障或死亡，方得請求理賠[34]。不在理賠範圍內的傷害則有：因急救程序所生之醫療傷害、因為政策決定限制醫療資源之利用，所生之傷害、病患心理或精神上之損害、非必要的美容手術所生之傷害、病人自行加諸本身之傷害、藥物不良反應所導致之傷害等六項。

　　因此也有論者認為，本制度稱之為無過失補償（no-fault）制度並不精確，因為該制度並沒有補償醫療不幸（medical misfortune）的事件，而僅補償醫療錯誤（medical error）。他舉例說明，若一名嬰兒在出生時，發生了腦性傷害，只有在該傷害能被證明與產前檢查或醫療儀器的傷害有關，或是源於醫療之瑕疵，或被證明若當初使用剖腹產則不會產生腦損傷時，才能獲得補償[35]。而這些補償的要件都與醫療行為的錯誤（error）或疏失（negligent）有關。

　　下表則為病人賠償保險的施行成效，由此可以發現，在 1986 年以後，理賠申請案件數有上升趨勢，核准理賠的比率變低，而個案理賠的金額卻有上升情形。

圖表 16　瑞典醫療保險施行成效（楊秀儀，2014[36]）

	1975/01-1986/07	1986/08-1991/12
提出申請案件總數	44,647	18,243
結案數	40,306	18,666
理賠之個案數	22,252	3,354
（佔結案數之百分比）	55.2%	17.9%
拒絕理賠之個案數	18,054	15,312
尚未解決之案件數	4,341	N/A
（佔全部申請案件百分比）	9.7%	
理賠總額（以瑞典幣計）	478m	380m

---

[34] 同前註，頁 173。

[35] Diana Brahams, *The Swedish Medical Insurance Schemes*, 331 THE LANCET, 43, 43(1988).

[36] 表格來源：楊秀儀，政府還是市場？醫療傷害補償制度之比較分析：從瑞典和美國經驗談起，醫療法律研討會——醫療責任保險制度研討會簡報，2014 年 10 月 31 日。

平均每件理賠總額（以瑞典幣計）	21,226	113,298

2. 病患傷害法案

在 1980 年代，越來越多私人醫療機構，沒有主動參加「病人賠償保險」，使得對病患傷害的保障有了缺口。因此，瑞典政府於 1997 年後，則透過病患傷害法案（Patient Injury Act），明文規範病患請求賠償的權利。病患可請求的傷害類型包括以下六項[37]：

(1)醫療傷害（Treatment Injury）

(2)醫療材料有關之傷害（Material-related Injury）

(3)診斷傷害（Diagnostic Injury）

(4)感染性的傷害（Infection Injury）

(5)事故相關的傷害（Accident-related Injury）

(6)藥物治療的傷害（Medication Injuries）

在病人向保險提出發生醫療傷害的賠償申請後，該申請案首先會交由「病人賠償保險」的醫師顧問審核，判斷該申請案是否合於要件，以及該傷害的嚴重程度為何。做出意見後，該案將再送至「給付審議委員會」（claims committee）審查，決定應該賠償的金額。若病人對於賠償金額不滿意，還能夠向委員會提出異議，或進一步透過仲裁表達意見[38]。

在施行成效上，研究報告指出：「在瑞典，每年約有 9500 件醫療後遺症或醫療事故通報。其中約有 45%的案件獲得賠償，實際的數目約是一年有超過 4000 的獲賠償案件。該國每年的醫療傷害賠償金額約超過 3000 萬瑞典幣（SEK）[39]。」

本制度並未限制申請者的訴訟權，即使審議會認定為無過失的案子，病

---

[37] The patient Injury Act(1996:799)Section 7.

[38] 楊秀儀，同註 31，頁 177。

[39] 連吉時，同第 1 章註 36，頁 221。

人仍有權利向法院提起訴訟[40]。但因為該制度具有理賠迅速、案件大部份能得到理賠的特點，病人多半會選擇採取申請保險補償的方式，而不是進入法院訴訟。統計顯示，瑞典每年有將近一萬件病人賠償保險的案件，但卻只有10 件不到的法院訴訟案件[41]。

(二) 紐西蘭「意外補償制度」[42]

紐西蘭的「意外補償制度」（Accident Compensation Scheme）建立於 1974年，這是一個針對人身意外傷害進行補償的社會保險體系，本制度的主要負責單位是意外補償委員會（Accident Compensation Corporation, ACC），根據ACC 網站上的介紹，這個委員會的負責宗旨是：「提供給紐西蘭居民以及到紐西蘭的訪客，無過失的人身傷害保障[43]」，同時，這也是一個強制性的保險，全體紐西蘭國民均須強制加入，其保險範圍則涵蓋職業意外傷害、交通意外傷害、醫療意外傷害、一般意外傷害等各種意外情形的補償[44]。

當意外發生後，可以得到的不只是醫療費用的補償，還包含最高能達 80%的工作週薪、交通服務（包括改裝汽車、汽油津貼、搭乘公車與計程車）的費用，也會協助意外受害者制定康復計劃、添置輔助器材、提供宗教與文化上的資源等等，可以說是一套非常完善的意外補償方式[45]。

本法在 1992 年時，試圖將醫療意外（medical misadventure）進行區分，

---

[40] OCED, POLICY ISSUES IN INSURANCE: MEDICAL MALPRACTIOCE PREVENTION, INSURANCE AND COVERAGE OPTIONS, 15(2006).

[41] 陶楷韻，醫療糾紛解決模式之探討，臺灣大學法科所碩士論文，頁 17，2014 年 1 月。

[42] 參見楊秀儀，從無過失重回過失——紐西蘭有關醫療傷害補償制度之變遷及對台灣之啟示，政大法學評論，第 64 期，頁 97 至 117，2000 年 12 月。

[43] Welcome to ACC , The Accident Compensation Corporation (ACC)website , http://www.acc.co.nz, last visited 2015/3/11.

[44] 楊秀儀，同註 42，頁 101。

[45] 參考自紐西蘭意外補償制度網站 ACC 網站所製作之「意外傷害後如何尋求幫助」指南，下載網址：http://www.acc.co.nz/publications/index.htm?ssBrowseSubCategory=Chinese

醫療意外係指：「一個人因為醫療照護所致之身體或精神上的損害，且該損害是由於醫療錯誤或醫療不幸的本質中不可期待、不可預知的不幸機率所造成。」而所謂區分，即是將醫療意外再行區分為醫療錯誤（medical error）與醫療不幸（medical mishap）兩類，1992 年法案所規定，醫療錯誤之定義為「醫事專業人員在系爭情況之下，怠於遵守一般可合理期待之照護標準[46]。」醫療不幸則是指：「在一個適當施予的醫療措施下，卻產生罕見（rare）而且嚴重（severe）的負面醫療結果[47]」。由於醫療不幸的定義相當嚴格[48]，而醫療錯誤又帶有過失的性質，所以 1992 年的修法，其實是使該補償制度轉向「有過失」補償的方向。有論者認為，這樣的轉變是因為基金本身財務吃緊，因此希望限縮理賠案件數而導致的。並指出，醫療傷害和其他一般人身意外的傷害，在本質上有所不同，因此 ACC 試圖將所有的意外補償都混同在一個制度內時，也就遭遇到了困難，不得不一再地增修條文，釐清醫療傷害與一般傷害事件的不同，給予其獨立的審理程序[49]。

在 2005 年時，紐西蘭又取消了醫療錯誤與醫療不幸的分別，合併為醫療傷害（treatment injury）一項[50]，該法定義所謂的醫療傷害，必須是發生在個人，於合法登記的醫療專業者處接受治療，因治療所導致之人身傷害，且已考量到該人在當時的潛在健康狀況（underlying health condition），以及治療當

---

[46] 楊秀儀，同註 42，頁 110。Medical error means the failure of a registered of care and skill reasonably to be expected in the circumstances.

[47] 同前註，頁 110。

[48] 法條定義，罕見係指在該負面醫療結果的發生機率在相同的情況下，低於百分之一；嚴重則指負面醫療結果為死亡、住院超過 14 天、或重度殘障超過 28 天、或依照該法 54 調能請求獨立生活津貼的情形(1992 Accident Insurance Act, No.13, x. 5(1)-(4))。同前註，頁 110。

[49] 同前註，頁 117。

[50] Injury Prevention, Rehabilitation, and Compensation Act 2001, Section 32: substituted, on 1 July 2005, by section 13 of the Injury Prevention, Rehabilitation, and Compensation Amendment Act (No 2) 2005 (2005 No 45). http://www.legislation.govt.nz/act/public/2001/0049/latest/DLM100934.html, last visited 2015/3/21.

時的醫療臨床知識水準（the clinical knowledge at the time of the treatment）[51]。但若傷害是全然因為病人的潛在健康條件所引起，或傷害僅僅是源於醫療資源的選擇（Resource allocation decision），或是因為病人不理性的拒絕或延遲治療而引起，則不予補償。

　　從這樣的定義觀之，醫療傷害又不再區分過失與否，只要是發生了傷害，又沒有制度所規定的排除條件[52]，就能適用 ACC 的補償機制。但是傷害受害方原則上也僅能適用此機制請求補償，而沒有向法院提起醫療過失告訴的權利，除非該傷害係屬於「懲罰性賠償」（punitive damages）所致的身體傷害，或屬於 ACC 所不予補償的非生理上傷害，例如，精神上痛苦所造成的損失[53]。

　　研究者肯定修正後的紐西蘭制度，認為該制度具有能迅速、平等地補償受傷害病人的成效。並且更重視如何提供更安全的照護系統，而非追究怪罪個人。這使醫療從業人員不必隱瞞自己的過失，而能更快速的協助病患索賠，使 ACC 能即時提供病患協助。並且也能透過這樣的通報，蒐集到更完整的索

---

[51] Treatment injury means personal injury that is—
　(a)suffered by a person—
　　(i)seeking treatment from 1 or more registered health professionals; or
　　(ii)receiving treatment from, or at the direction of, 1 or more registered health professionals; or
　　(iii)referred to in subsection (7); and
　(b)caused by treatment; and
　(c)not a necessary part, or ordinary consequence, of the treatment, taking into account all the circumstances of the treatment, including—
　　(i)the person's underlying health condition at the time of the treatment; and
　　(ii)the clinical knowledge at the time of the treatment.

[52] Treatment injury does not include the following kinds of personal injury:
　(a)personal injury that is wholly or substantially caused by a person's underlying health condition:
　(b)personal injury that is solely attributable to a resource allocation decision:
　(c)personal injury that is a result of a person unreasonably withholding or delaying their consent to undergo treatment.

[53] OCED, *supra* note 40, at 81.

賠資料，與衛生部門合作增進患者的安全[54]。

　　論者並將紐西蘭的補償制度與美國的訴訟制度處理醫療糾紛的方式異同，進行比較。從下表中可以了解到，紐西蘭無過失補償制度的補償額度較低，平均低於三萬美金，約相當於一百萬臺幣，但是其具有迅速、節省成本、醫師個人保險費用支出低的優點。此番對照，亦頗值得吾人反思臺灣醫療訴訟之現狀，與推動無過失補償制度之可能性。

圖表 17　美國醫療過失制度與紐西蘭無過失補償制度比較，翻譯自(Bismark, 2006[55])

	美國	紐西蘭
補償標準	過失	醫療傷害(自 2005 年 7 月 1 日起)
專家顧問	由當事人指派	由 ACC 指派
決策者	法院	審議會(Administrative Panel)
取得結果所需時間	多年	幾週到幾個月
行政成本	高(高於 50%)	低 (低於 10%)
醫師個人保險費用	高	非常低(不討論特殊情況時，少於$1000 美金)
與提升醫療品質的連結	理論上的威嚇力	分析每個申請案資訊，用以提升病患安全

四、　臺灣現行法律規定之訴訟外醫療相關無過失補償制度

　　臺灣在目前雖尚未出現補償醫療傷害的無過失補償制度，但是卻有兩項與醫療相關，且帶有無過失補償精神之制度，可資參考，分別是「藥害救濟

---

[54] Marie Bismark and Ron Paterson, *No-Fault Compensation In New Zealand: Harmonizing Injury Compensation*, 25 PROVIDER ACCOUNTABILITY, AND PATIENT SAFETY HEALTH AFFAIRS, 278,278(2006).

[55] Id., at 279.

制度」與「預防接種救濟制度」，於本節中將進行介紹。

(一) 藥害救濟制度

　　民國86年前後，國內因新聞頻頻報導藥害事件，而產生對於用藥安全的關注[56]，因而激發立法者對於藥害救濟制度的關注。臺灣的《藥害救濟法》於民國89年5月31日公布，為臺灣最主要的藥害救濟制度法源。其附屬法規尚有《藥害救濟給付標準》、《藥害救濟申請辦法》、《藥害救濟基金收支保管及運用辦法》、《行政院衛生署藥害救濟審議委員會設置要點》、《行政院衛生署藥害救濟審議委員會審議辦法》等五項，並於民國90年成立「藥害救濟基金會」，受理一切藥害救濟申請。

1. 制度內容

　　申請藥害救濟的請求權人，在死亡給付時，為受害人之法定繼承人；在障礙給付或嚴重疾病給付時，則為受害人本人或其法定代理人。學者整理，藥害救濟法規範的藥害救濟積極要件有三[57]：

(1)必須是正當使用合法藥物：也就是必須依照醫藥專業人員的指示或符合藥物標示而使用。合法藥物則是指必須領有主管機關核發的藥物許可證，依法製造、輸入或販賣之藥物；

(2)必須發生「嚴重」藥害：依法，所補償之藥害僅限於死亡、障礙與嚴重疾病；

(3)藥害和正當使用之合法藥物之間有因果關係。

而不予以藥害救濟的消極要件則為：

(1)有事實足以認定藥害之產生應由藥害受害人、藥物製造業者或輸入業

---

[56] 李明蓉、楊秀儀，「無過失補償」就是不究責嗎——從藥害救濟法第十三條第一款談起，月旦法學雜誌，第228期，頁120，2014年5月。作者提及緣由係民國86年，因男子口服香港腳藥療黴舒，卻引發猛爆性肝炎死亡的案例。

[57] 同前註，頁121-122。

　　者、醫師或其他之人負其責任；

　　(2)因接受預防接種而受害。因預防接種而受害，因申請使用「預防接種
　　　受害救濟基金」進行補償；

　　(3)同一原因事實已獲賠償或補償，但不含人身保險給付在內。此為避免
　　　雙重補償之規定。

　　(4)因急救使用超量藥物致生損害。因急救而使用超量藥物，其使用目的
　　　係在於急救，因此發生藥害之應屬可容許風險，並不符合救濟目的。

　　(5)未依藥物許可證所載之適應症或效能而為藥物之使用，且不符合當時
　　　醫學原理及用藥適當性者。

　　藥害救濟的核准與否，由藥事審議委員會負責進行。且審議委員會原則
上需於收到救濟案件後作成審定。符合補償要件的藥害事件，則使用「藥害
救濟基金」來進行補償，該基金為一「有限責任基金」。其性質為「製造者透
過設立基金來補償所有的受害者，以換取有限的賠償責任[58]」，因此所補償的
金額並不需與受害者所受之藥害相當，與裁判中的賠償責任計算邏輯不同。
本基金的經費來源係業者在每一顆藥上付一塊錢，當嚴重藥害發生時，就由
該筆基金支付。

　　藥害救濟的支付標準為，致死案件最高支付新臺幣兩百萬元，致障礙案
件為一百一十五萬元至兩百萬元、致嚴重疾病之案件為一萬元至六十萬元。

2. 施行實效

　　藥害救濟制度至今施行十五年，根據藥害救濟基金會統計，截自 104 年
2 月，總共受理 2568 件申請案[59]，依據藥害結果區分，其中 65%為嚴重疾病、
30%是死亡結果，5%為輕度至重度障礙。而通過救濟之給付率則為 56%。

---

[58] 同前註，頁 121-122。

[59] 藥害救濟業務執行現況，藥害救濟基金會網站，http://www.tdrf.org.tw/files/files/02-217.pdf ，最後
　　瀏覽日期 2014/4/15。

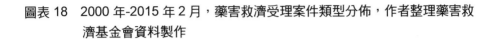

圖表 18 2000 年-2015 年 2 月，藥害救濟受理案件類型分佈，作者整理藥害救濟基金會資料製作

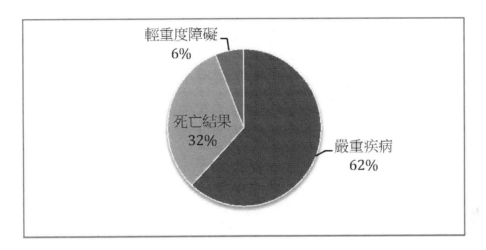

　　藥害基金之總給付金額，至 103 年止，共為新臺幣三億九千一百四十四萬六千九百六十三元。其中死亡補償佔百分之七十四、障礙佔百分之十八、嚴重疾病占百分之八。

圖表 19 歷年藥害救濟給付類別與金額統計，作者整理藥害救濟基金會資料製作。

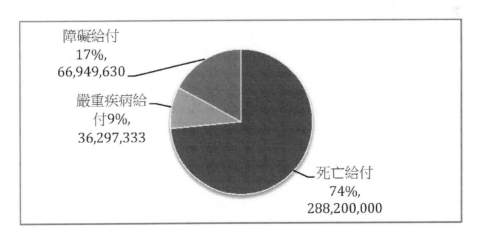

從補償結果觀之，藥害救濟確有成效，同時值得討論的，是根據藥害救濟法之十三條，「有事實足以認定藥害之產生應由藥害受害人、醫師或其他之人負其責任」之規定，顯現藥害救濟法的救濟範圍，僅限於「無過失」之態樣。

但是，如何歸責，係涉及法律如何評價行為人之行為，有無過失。由欠缺法律背景的藥事審議委員會，審議藥害受害人、醫師或其他人是否需「負責任」，判斷過失責任該如何歸責，似有困難[60]。對於藥害受害人的保障與救濟也產生漏洞。因而學者建議應該落實無過失補償之精神，「除了受害人本人之故意過失之外，藥害救濟不因任何人之過失而救濟或不救濟，但輔以代位權處理其他應負責任之人[61]」，目前這項建議仍在討論中。

(二) 預防接種救濟制度

臺灣的預防接種受害救濟基金，建立 1988 年 6 月，係由於 1986 年口服小兒麻痺疫苗造成小兒麻痺個案，舊制衛生署邀集及專家學者討論後而創立。並且在 2002 年開始，設立獨立的審議小組進行審議[62]。於 2004 年時，則正式通過「預防接種受害救濟基金徵收及審議辦法」。由於預防接種涉及對傳染病之預防，是以此辦法之法源，來自傳染病防制法第三十條[63]，在救濟申請時效與緊急專案採購等規定，也都與傳染病防制法之規範相關。

---

[60] 李明蓉、楊秀儀，同註 56，頁 125。

[61] 同前註，頁 133。

[62] 背景說明，衛生福利部疾病管制署網站，http://www.cdc.gov.tw/list.aspx?treeid=d78de698c2e70a89&nowtreeid=110fa1639def7957，最後瀏覽日期：2015/5/5。

[63] 傳染病防治法第 30 條：「因預防接種而受害者，得請求救濟補償。前項請求權，自請求權人知有受害情事日起，因二年間不行使而消滅；自受害發生日起，逾五年者亦同。中央主管機關應於疫苗檢驗合格封緘時，徵收一定金額充作預防接種受害救濟基金。前項徵收之金額、繳交期限、免徵範圍與預防接種受害救濟之資格、給付種類、金額、審議方式、程序及其他應遵行事項之辦法，由中央主管機關定之。」民國 103 年 6 月 4 日修正。

1. 制度內容

　　預防接種之定義，限於「領有中央主管機關核發許可證或專案核准進口，並經檢驗或書面審查合格封緘之疫苗[64]」。根據「預防接種受害救濟基金徵收與審議辦法」第二條規定，本辦法之救濟主體為「本人或母體疑因預防接種而受害者」。請求權人為受害人本人或法定繼承人。而救濟金給付之類型，則依據受害程度之輕重；受害結果與預防接種的關聯性等因素，而有不同的給付層級，如下頁圖表所示。並亦包括有三項「酌予給付」之項目[65]：

(1)疑因預防接種致嚴重不良反應症狀，經審議與預防接種無關者，得依其為釐清症狀與預防接種之關係，所施行之合理檢查及醫療費用，最高給予新臺幣二十萬元。

(2)疑因預防接種受害致死，並經病理解剖者，給付喪葬補助費新臺幣三十萬元。

(3)疑因預防接種致死產或流產之孕婦，其胎兒或胚胎經解剖或檢驗，孕程滿二十週以上者，給付新臺幣十萬元；孕程未滿二十週者，給付新臺幣五萬元。

而辦法中規範不予救濟的消極要件則有以下六項[66]：

(1)逾傳染病防治法法第三十條第二項所定期間[67]。

(2)發生死亡、障礙、嚴重疾病或其他不良反應與預防接種確定無因果關係。

(3)常見、輕微或可預期之預防接種不良反應。

(4)轉化症等因心理因素所致之障礙。

---

[64] 預防接種受害救濟基金徵收及審議辦法，第 2 條第 2 項。

[65] 同前註，第 7 條之二。

[66] 同前註，第 7 條之一。

[67] 傳染病防治法第 30 條第 2 項：「前項請求權，自請求權人知有受害情事日起，因二年間不行使而消滅；自受害發生日起，逾五年者亦同。」

(5)因證據不足致無法認定。

(6)非因預防接種目的使用疫苗致生損害。

當受害人提出申請時，則由中央主管機關委託醫藥衛生、解剖病理、法學專家或社會公正人士，組成十九至二十五人之審議小組，進行受害原因調查與給付金額之審議。

圖表 20　預防接種受害給付金額範圍 (行政院公報，2014[68])

救濟項目	認定基準			給付金額範圍 (新臺幣萬元)
	定義/障礙程度		與預防接種之關聯性	
死亡給付	---		相關	50~600
			無法排除	30~350
障礙給付	依身心障礙者權益保障法令所定障礙類別、等級，但不包括轉化症等因心理因素所致之情形	4-極重度	相關	50~600
			無法排除	30~350
		3-重度	相關	30~500
			無法排除	20~300
		2-中度	相關	20~400
			無法排除	10~250
		1-輕度	相關	10~250
			無法排除	5~200

---

[68]　行政院公報，第 20 卷，第 9 期，頁 1858，2014 年 1 月 14 日。

嚴重疾病給付	依全民健康保險重大傷病範圍及嚴　重藥物不良反應通報辦法認定,但　未達障礙程度者		相關	2~300
			無法排除	2~120
其他不良反應給付	其他未達嚴重疾病程度之不良反應　情形,但輕微、常見或可預期之接　種後不良反應不予救濟		相關	0~20
			無法排除	

　　預防接種受害救濟基金的經費來源,則由疫苗製造或輸入廠商繳納徵收金。徵收金繳納方式為,每一人劑疫苗,徵收新臺幣 1.5 元[69]。疫苗製造或輸入廠商應於中央主管機關核發疫苗檢驗合格封緘證明、檢驗或書面審查報告書之次日起三十日內,完成繳款。但若疫苗屬於以下三種情形,則不須繳納徵收金[70]:

　　(1)製造供輸出之疫苗。

　　(2)由主管機關專案採購以援助外國之疫苗。

　　(3)其他專案申請中央主管機關核准免徵之疫苗。

2. 施行成效

　　預防接種事故的救濟制度的申請案件數,根據衛生福利部疾病管制署統計,自 1989 年預防接種受害救濟基金施行以來,截至 2015 年 3 月 23 日為止,共有 1,471 件申請案,而累積完成審議的案件數,共有 1,455 件次。

---

[69] 預防接種受害救濟基金徵收及審議辦法,第 2 條之 1 第 1 項。

[70] 預防接種受害救濟基金徵收及審議辦法,第 2 條之 1 第 4 項。

圖表 21　民國 78-104 年預防接種受害申請案件數量統計，引自衛生福利部疾病管制署資料[71]

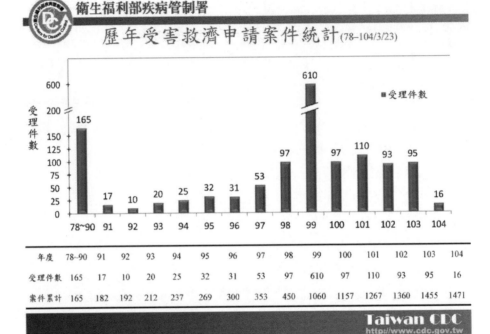

完成審議的 1,455 件申請案中，共有 597 件給予救濟，858 件不予救濟。而本表在民國 99 年度，受理案件數忽然大幅提高，據研究指出，可能原因則為五合一疫苗（5 in 1）在該年度納入公費常規預防接種項目，又適逢當年 H1N1 流感在臺灣大流行，許多國人紛紛接種流感疫苗，致 2010 年五合一接種人數較往年大為增加，也導致當年的受害救濟案件隨之增加[72]。

---

[71] 資料源自：衛生福利部疾病管制署「歷年受害救濟申請案件統計」， http://www.cdc.gov.tw/list.aspx?treeid=d78de698c2e70a89&nowtreeid=110fa1639def7957，最後瀏覽日期：2015/5/5。

[72] 許瑜真等，我國衛生所及合約醫療院所辦理預防接種業務與申請受害救濟案件分析，疫情報導，第 30 卷，第 11 期，頁 220，2014 年 6 月。

　　另一方面，在 2008 年至 2011 年底受害救濟案件數的上升，則是源於疾管署發展了新的鑑別診斷方法，在 2008 年起，就接種 BCG（卡介苗）的不良反應事件進行主動監測，並於 2010 年將 BCG 的不良反應監測主動擴大到 15 歲以下所有兒童的單純肺外結核[73]，由於發現率及通報率的提升，使給予受害救濟之案件亦隨之提升，由此亦可看出政策走向對於救濟件數有顯著影響，案件增加並非預防接種技術退步所造成。

圖表 22　預防接種受害申請案給予救濟比例圖，作者整理衛生福利部疾病管制署資料製作

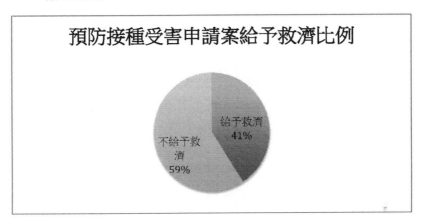

　　自 1989 年至 2015 年 3 月 23 日以來，預防接種受害救濟基金一共給付了 100,594,487 元[74]。給付項目又可分為救濟給付與其他種類之給付，根據衛福部統計，因不良反應而給予給付的案件最多，共有 381 件；醫療費用給付次之，共有 159 件；嚴重疾病給付則有 151 件，位居第三。

---

[73] 同前註，頁 220。

[74] 資料源自衛生福利部疾病管制署「歷年受害救濟申請案給付金額統計」，http://www.cdc.gov.tw/list.aspx?treeid=d78de698c2e70a89&nowtreeid=110fa1639def7957，最後瀏覽日期：2015/5/5。

圖表 23　歷年受害救濟審議案件給付統計，引自衛生福利部疾病管制署[75]

救濟給付種類	給付案件數		其他給付種類	給付案件數
死亡給付	41		喪葬補助	92
障礙給付	24		醫療費用給付	159
嚴重急病給付	151		胚胎解剖給付	8
其他不良反應給付	381		合計	259
合計	597			

　　有論者指出，預防接種受害救濟的法理，近似於行政法上「特別犧牲」之補償[76]。大法官解釋指出：「國家機關依法行使公權力致人民之財產遭受損失，若逾其社會責任所應忍受之範圍，形成個人之特別犧牲者，國家應予合理補償[77]」。施打預防接種疫苗之行為，雖直接使受接種人免於傳染病之傷害，間接上，亦可防止傳染病瀰漫全國，影響國人健康，使國家與社會免於承受巨大之成本支出與損害。因此唯有絕大多數人盡可能接受預防接種，才能促進預防傳染病之公共福祉[78]。資料顯示，臺灣在 2009 年之常規疫苗之接種率高達百分之九十五[79]，是以在國人因接種而受有損害時，或可以視為國人為達成預防傳染病之國家目標所蒙受的特別犧牲，而有受到救濟之必要。

　　但自經費來源觀之，預防接種受害救濟基金之來源，並非由國家經費出資。因此論者亦提出，此項措施亦可視為「疫苗製造商或輸入商交由行政機關代為給付之賠償或補償[80]」。本制度並不討論受害方所受之損害，是否由他人之過失所引起，而僅就受害與疫苗注射間是否相關，審議出救濟標準。因

---

[75] 同前註，最後瀏覽日期：2015/5/5。

[76] 張文郁，我國和美國、日本預防接種受害救濟制度之比較研究，憲政時代，352 期，頁 160，2009 年 10 月。

[77] 大法官解釋，釋字四四零號。

[78] 張文郁，同註 76，頁 159。

[79] 邱玟惠，淺談預防接種事故之救濟法制，載：醫事法專題講座，頁 260，2012 年 9 月。

[80] 張文郁，同註 76，頁 161。

此論者以為，此制度兼含過失賠償與無過失補償之態樣。雖然受害救濟之申請、審議皆由國家指派的行政機關進行，但救濟基金則源自於疫苗製造商與輸入商。本書以為，除了視為賠償或補償，此亦可能帶有風險分擔的性質。

　　論者亦強調，預防接種審議之結果，僅在於發揮救濟預防接種副作用受害者之功能，救濟案之核准與疫苗品質不良之認定，係屬二事[81]。預防接種救濟制度的意義，就是不讓民眾個人，負擔「集體預防接種上不可避免的代價」[82]，而是由救濟系統共同承擔。

---

[81] 邱玟惠，同註 79，頁 262。

[82] Mary Beth Neraas, *Comment, The National. Childhood Vaccine Injury Act of 1986: A Solution to the Vaccine Liability Crisis?*, 63 WASH. L. REV 149 .151(1988) .

第四章
生育事故補償制度之國內外經驗介紹

　　有醫療事故，就有產生醫療糾紛的可能。一般醫療訴訟，有著法官專業知識有限、審判耗時、因果關係證明困難等等局限性。又以生育事故訴訟而言，發生的自然風險高，事故發生的結果通常十分嚴重，可能帶來重度傷殘甚至死亡的不幸結果，提起訴訟的一方多十分渴望獲得立即的協助與填補。漫長的訴訟過程，無法保障病人權益，且更影響產科醫師執業意願，成為難中之難。學者指出，生育事故案件（Birth injury cases）在每個法律體系中都是最需嚴肅看待的問題，因為，其包括了終生都需要復健、看護的腦損傷，以及鉅額的潛在經濟損失。產科醫師如臨深淵，只要有任何一點輕微的疏忽，就會面臨嚴重的損害訴訟[1]。

　　以臺灣經驗而言，近十年來，許多研究都指出，臺灣的醫療環境已經走入「醫療崩壞」的時代。特別是在產科醫師的流失方面，醫療資源缺乏的問題特別顯著。研究指出，提供接生的醫師之中，約有33%，在五年內都曾遭遇產科醫療糾紛，高達109件[2]，遭遇醫療糾紛的比例顯著。解決「高醫療糾紛」之問題，也是政府積極研擬生育事故無過失補償制度的重要原因。

---

[1] Robert B Leflar, *The Law of Medical Misadventure in Japan*, 87 CHICAGO-KENT LAW REVIEW,79, 106(2012).

[2] 施宏明，同第 1 章註 13，頁 214。

一、生育事故之特殊性與補償理由

　　臺灣以生育事故補償計畫，作為醫療無過失補償制度的先驅計畫，乃是考量到生育事故具有易產生醫療糾紛、引發醫病對立、訴訟程序冗長等特性。且往往由病人單方承擔醫療不良結果，因此認為有立法補償的必要[3]。在本節中將進一步探討生育事故的特殊性與補償理由。

(一) 臺灣生育事故之發生率及其變化趨勢

　　生育事故的發生原因繁多，包含許多不同的疾病、症狀，如羊水栓塞、肩難產、臍帶繞頸等，亦包括不明原因的腦性麻痺，只要是生產引起的不良結果皆屬之。然因生育事故通報資料庫，尚在建置當中，不開放個人查詢，本書目前並沒有生育事故發生率的詳細數據。因此僅能先透過與生育事故關聯最為密切的孕產婦及新生兒死亡數據，進行初步的分析。因為其死亡數據中，亦包含有生育事故的死亡數據。特別是孕產婦死亡人數一項，更與生育事故密切相關。

　　因此，本書透過與生育事故相關的孕產婦、新生兒死亡率與死亡人數，進行分析，以推估臺灣生育事故發生的現況。行政院主計處的統計資料自民國 75 年開始，由於全民健保係自民國 84 年開始實施，收案較為齊全，因此本研究只分析民國 85 年到 100 年的資料，以了解在試辦計畫實施前的相關死亡人數與死亡率變化。根據衛生福利部統計處資料[4]，孕產婦死亡率的計算方法為，孕產婦死亡率＝（孕產婦死亡數/活產嬰兒數）×100,000。經作者去電衛生福利部統計處詢問，以活產嬰兒數作為分母的原因，係源於統計資料庫

---

[3]　見「鼓勵醫療機構辦理生育事故爭議事件試辦計畫申請作業須知」，背景說明。

[4]　衛生統計名詞定義，衛生福利部統計處網站，http://www.mohw.gov.tw/cht/DOS/Statistic.aspx?f_list_no=312&fod_list_no=1717 最後瀏覽日期：2015 年 5 月 5 日。

中缺乏孕產婦總人數的資料，因此才以活產嬰兒作為統計分母。根據主計處的所公布 85 年到 100 年的孕產婦死亡人數與死亡率製作圖表如下：

圖表 24　民國 85-100 年孕產婦死亡人數統計，作者整理行政院主計處資料製作

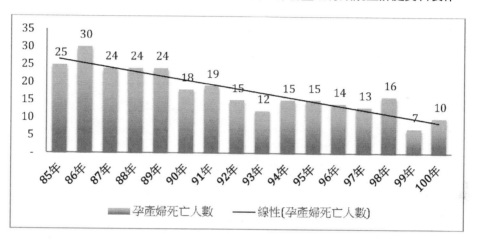

圖表 25　民國 85-100 年孕產婦死亡率信賴區間圖，作者整理行政院主計處資料製作

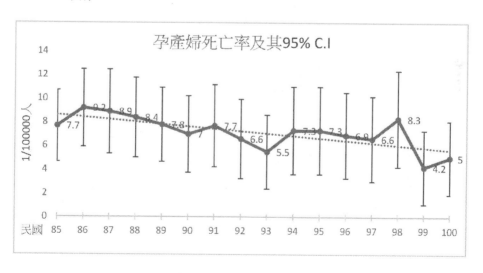

　　由以上的趨勢線可以看出，雖然前揭章節中提到產科醫療糾紛逐年上升，但從孕產婦的死亡人數以及死亡率進行分析，死亡率皆在標準差內，並未有死亡率上升之情形。

　　新生兒的定義，指的是出生到一個月內的子女。嬰兒則是指出生到一年的子女。新生兒的死亡原因與生育事故較為相關，因此本書也就新生兒的死亡率進行觀察。

圖表 26　民國 85-100 年新生兒死亡人數統計，作者整理行政院主計處資料製作

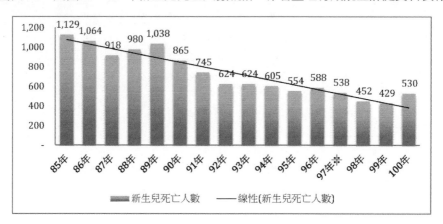

圖表 27　民國 85-100 年新生兒死亡率及其百分之九十五信賴區間，作者整理行政院主計處資料製作

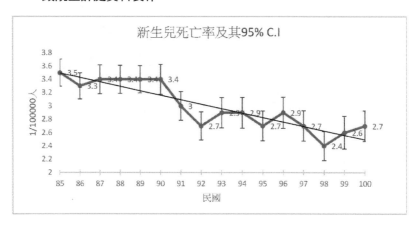

　　由以上兩圖可見，新生兒的死亡率與死亡人數，有顯著下降的趨勢。但在這二十幾年間，婦產科的醫療鑑定案件卻成上升趨勢，如下圖所呈現：

圖表 28　民國 75-90 年婦產科醫療鑑定數上升趨勢圖，作者整理本書圖表 4 資料製作

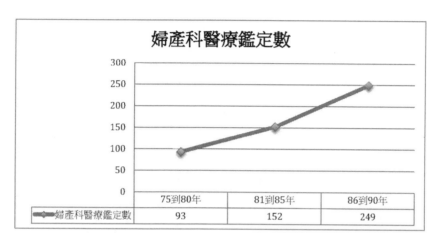

　　從死亡率與死亡人數的下降，或可推論生育事故的發生率並未增高，甚至可能減少，然而婦產科（包含生育事故）之醫療糾紛，卻年年攀升。

(二) 生育事故醫療糾紛發生之原因

　　如本書在緒論中所提及，生育在 19 世紀以前，並非醫療行為之範疇。生產多在家中進行，且由產婆、助產士等非醫療人員進行接生。即便發生生育事故，家屬也多能理解生產之風險，鮮少責怪協助接生的產婆或助產士，即使當時的許多處置，以今日看來恐怕亦有疏失之慮[5]。

　　當生產成為醫療行為之一環時，卻讓產科一躍成為醫療專科中的高風險科別，醫療糾紛不斷增加。關於生育事故醫療糾紛增加的原因，本書認為，

---

[5] 有關我國生產進入醫療化之歷史紀錄，可參閱：陳庵君口述；林秀禎執筆，臺灣婦產科的播種者：陳庵君回憶錄，2005 年。

首先與整體醫療糾紛整體的增加有關。其次，可能與少子化與生產高齡化的現象有關。因為少子化，對於每一個出生的孩子都特別重視，一旦發生受傷缺陷，對家屬就是極大、極難接受的打擊。而生產高齡化的趨勢，則更增加生產時的母嬰的健康與生命風險，容易發生醫療生育事故。衛生署官員便表示：「近年國人生育率下降，粗出生率自 1986 年的 15.9/1000,到 2010 年的 7.2/1000；女性首次生產平均年齡則自 24.7 歲提高到 29.6 歲，高齡產婦比例增加，也加重生產及懷孕的風險[6]。」

論者則認為：

> 凡遇「高危險妊娠」醫療糾紛之原因，大多數為病患及家屬並不了解「高危險妊娠」時，產婦與胎兒的病理生理變化，以及生產過程的併發症和嚴重性。當喜事變成喪事的兩極轉變時，家屬無法理解也不接受醫師的解釋，認為醫師未告知而提起訴訟。而法院審理時，由於法官並非醫學專業人才，無法理解醫師或護理人員在醫療當時整個醫治過程，僅能依照事後的屍體解剖或鑑定報告來判決，反推認定醫師對於醫療事故是否過失，卻沒有以整個高危險妊娠的致病起因、病理延續發展過程，以及高危險妊娠的致病因素與產婦死亡的因果關係加以考量，形成法官、醫師及家屬三方面皆難堪的局面[7]。

總結以上，產科醫療糾紛增加的原因，與醫學退步或死亡率的提升無關，影響糾紛增加的因素可能有：「生產納入醫療系統」、「家屬不了解生產併發症的嚴重性」、「家屬無法接受喜事變喪事的兩極轉變」等原因。

---

[6] 廖慧娟，醫療機構辦理生育事故救濟試辦計畫(草案)，醫療品質雜誌，第 6 卷第 4 期，頁 47，2012 年 7 月。

[7] 施宏明，同第 1 章註 13，頁 220。

二、生育事故補償制度之外國法經驗

因生育事故醫療糾紛頻繁，而有產科醫師出走、婦產科人力缺乏等現象，並非臺灣獨有之問題。早在許多年前，美國維吉尼亞州與佛羅里達州便已嘗試透過「新生兒腦性麻痺無過失補償」制度解決。2009 年時，飽受「醫療崩壞」困擾的日本，也推出「產科醫療補償制度」。於本節中，將介紹這兩個生育事故補償制度的外國經驗。

(一) 美國維吉尼亞州「新生兒腦部傷害無過失補償」制度

在諸多討論醫療糾紛的研究裡，美國經驗一直是重要的參考指標。美國的醫療糾紛狀況一直相當嚴重，一旦發生了醫療失當（medical malpractice）的情形，在沒有任何無過失補償制度的情況下，只能透過侵權行為法處理。引起許多醫師採取防禦性醫療（defensive medical techniques）的策略，以及醫師保費創下天價的問題。因此美國也在 1980 年代，就嘗試推行各種減少醫療糾紛的制度。

最先跨出第一步的，當屬美國維吉尼亞州的「新生兒腦部傷害無過失補償基金」制度，其係源於 1987 年所通過的「與生產相關之腦神經損傷補償法」（Birth-Related Neurological Injury Compensation Act），並於次年 1 月 1 日施行，這是整個北美，首次施行的醫療無過失補償制度[8]。

1. 新生兒腦部傷害無過失補償制度之濫觴

該制度形成的背景，主要有幾個因素。首先為美國之審判制度為陪審制，因此有可能提出極高的醫療賠償金。美國醫師多半透過保險解決醫療事故，當保險公司一次次理賠高額賠償金後，醫師的保費也就水漲船高，直到醫師

---

[8] 楊秀儀，同第 2 章註 7，頁 1。

難以負擔的程度[9]。

其次，醫師也對不斷增加的醫療糾紛訴訟感到厭惡不耐煩，影響醫師從事高風險科別的意願[10]，甚至乾脆拒絕在賠償金額過高的州別執業，紛紛移居他州。在此醫療糾紛危機（Medical Malpractice Crisis）之下，方引起美國立法者對於修改制度之關注，亦促使學者進行相關的實證研究。

根據研究，在所有的醫療糾紛訴訟之中，婦產科醫師又居被訴訟專科之首位。一份 1987 年的研究顯示，婦產科醫師只佔了全美醫師的 5.2%，但卻有 12.4%的被告涉及婦產科醫師。此外，敗訴率亦高，1989 年的研究顯示，病患告婦產科醫師的勝訴率為 45%，但一般案件的平均勝訴率則僅有 31.8%，再加上敗訴之賠償金額亦高，婦產科可謂是風險最高的科別之一，其責任保險保費自然也高得難以想像[11]。學者指出：

> 婦產科醫師的高額責任保險保費，使得婦產科醫師減少或拒絕診治高危險的妊娠婦女，也阻卻了醫學生選擇婦產科的意願。……家庭醫師與助產士也不願暴露在龐大的責任風險之下，因此很多家庭醫師根本就宣佈不再執行接生業務，助產士們也面臨到保險公司不願意提供責任保險的窘境[12]。

在此之際，醫師深受訴訟威脅與高額責任保險費、高風險科別遭拒保之

---

[9] 「在 1988 年，每 100 名醫師有 17 名被告」且「平均每一個醫師一年要繳交一萬六千元美金之保費，約佔其年淨收入之 6%」。楊秀儀，同第 2 章註 7，頁 5-6。

[10] 「維吉尼亞州產科學會的調查顯示 40%的受訪者表示，有鑑於醫療責任保險的保費不合理的一直提高，未來一定會取消提供任何產科醫療服務。也因為醫療責任保險保費的居高不下，該學會竟有 80%的受訪會員表示將會提早退休，不從事產科業務。」連吉時，同第 1 章註 36，頁 247。

[11] 「婦產科敗訴的平均賠償金額為美金 177,509 元，幾乎是其他專科平均的兩倍。而在所有敗訴的醫療糾紛中，婦產科醫師佔了 10%，但賠償金額卻佔了總賠償金額之 27%。」楊秀儀，同第 2 章註 7，頁 10。

[12] 同前註，頁 10-11。

困擾，婦女也首當其衝地必須面對婦產科醫療資源，不斷流失、品質惡化的
負面影響。這時，維吉尼亞州的醫師公會（the Medical Society of Virginia），
出面拜訪一間準備退出醫療責任保險市場的保險公司，該業者說明：「如果立
法者能夠將『新生兒腦神經損傷』此類傷害排除於醫療糾紛責任中，那麼該
保險公司就願意繼續對其他的婦產科醫療傷害責任承保[13]。」因為，這一類
的案件，必須負擔鉅額的賠償金，而因果關係又常常難以明確，有機會被認
為是接生醫師處置不當而造成[14]。醫師公會與保險業者達成共識，應建立一
個無過失的補償基金，此即為新生兒腦部損傷無過失補償制度之濫觴。

2. 美國維州新生兒腦部傷害無過失補償制度之內容

目前該制度，係由維吉尼亞州生產相關傷害補償方案（Virginia
Birth-Related Injury Compensation Program ,BIP）負責，在該部門的宣導網站
上[15]，說明設立補償基金制度，是為了降低在 1980 年代不斷升高的醫療過失
保險費率（medical malpractice insurance rates）所設立的。

在經費來源上，完全不受政府贊助，由醫院或醫師自願出資，成立維吉
尼亞生育事故補償基金（Virginia Birth Injury Fund, BIF），而補償基金來源
為：(1)自願加入之醫師每年交 5000 美元，或每一活產 50 美元，該金額得視
醫師加入年限而遞減；(2)自願加入之醫院，依照前一年度之接生案件，每一
件交 50 美元，但以不超過十五萬美元為上限，且同樣依加入年資而遞減；(3)
未加入該制度之醫師，但在維州領有執照而執業者，每年交 250 美元；(4)向
經營責任保險之保險人課特別捐[16]。

根據美國維吉尼亞州法律 Section 38.2-5001 定義[17]，所謂的「與生產相關

---

[13] 同前註，頁 12。

[14] 同前註，頁 13。

[15] Why the Birth-Injury Program, Virginia Birth-Related Neurological Injury Compensation Program,
http://www.vabirthinjury.com/why-the-birth-injury-program/, last visited 2015/3/9.

[16] 同第 2 章註 8，頁 20。

[17] Section 38.2-5001, Code of Virginia states:

之腦神經損傷」為：「嬰兒在分娩過程中，或因分娩過程缺氧而施行的必要心肺復甦術急救時，因缺氧或儀器傷害，而產生腦部或脊髓受創。經醫院認證，該名嬰兒永久的失能，且有發展障礙或認知障礙」。

該基金只理賠此一種定義下的生育事故傷害，且必須要發生在有參與此計畫的醫療院所之內，才給予理賠。

理賠範圍包括以下幾項[18]：醫療費用（Medical）、住院費用（Hospital）、復健/治療費用（Rehabilitation/Therapy）、居家與看護費用（Residential and custodial care）、18 歲到 65 歲的收入損失（Compensation for lost earnings, ages 18 to 65）、特殊器材與設備費用（Special equipment or facilities）、合理的索賠費用含律師費（Reasonable claim filing costs （including attorney's fees）、必要醫療旅行費用（Medically necessary travel）等項目，而私人保險的支出與非財產上損害等項目，則不在理賠費為之內。若新生兒甫出生便死亡，最高可以獲得 10 萬美元的補償，而當經濟損失相當顯著時，補償的金額則可能超過 200 萬美元[19]。

根據學者研究，該基金的理賠要件頗為嚴格，截至 2006 年底之前，使用該制度之原告僅 119 人，理賠案件並不多[20]。另外值得注意的是，該制度雖然不強制醫療機構或醫師參加，但是當新生兒發生腦神經受傷的情形時，卻需要強制利用該制度請求補償，不能逕行向法院提起訴訟，以此以減少醫療糾紛訴訟的數量。若經過請求，補償仍遭拒絕時，方可再採取法律訴訟的途

"Birth-related neurological injury" means injury to the brain or spinal cord of an infant caused by the deprivation of oxygen or mechanical injury occurring in the course of labor, delivery or resuscitation necessitated by a deprivation of oxygen or mechanical injury that occurred in the course of labor or delivery, in a hospital which renders the infant permanently motorically disabled and (i) developmentally disabled or (ii) for infants sufficiently developed to be cognitively evaluated, cognitively disabled. 本條自 1987 年以來修改數次，此為 2004 年最後一次修法之版本。

[18] 同註 4，最後瀏覽日期 2015 年 3 月 9 日。

[19] Michael Krauss, supra note, 同第 2 章註 61, at 376.

[20] 謝紹芬，無過失醫療意外保險商品可行性研究──現行醫師業務責任保險商品之啟示，保險與經營制度，第 12 卷第 2 期，頁 137，2013 年 9 月 30 日。

徑[21]。

　　次頁流程圖，摘自維吉尼亞州生育相關腦神經傷害補償部門之網站，說明當生育事故發生時，將受害案例引導自賠償基金的流程。

　　當一個（受有損害的）嬰兒出生時（birth of a child），申請人可以採取的途徑是向巡迴法院（Circuit Court）上訴，或是直接向勞工補償委員會（Woker's compensation commision）提出申訴。接著，勞工補償委員會將會把案件交由三個機構審理，由維吉尼亞州衛生部（Virginia Department of Health）負責審理醫院的照護是否符合醫療常規（substanderd），由維吉尼亞州醫學委員會（Virginia Board of Medicine）負責審理醫師是否符合醫療常規；並由醫學院專家小組（Medical School Panel）審議該案是否符合法律要件，並必須在 60 日內完成審議。完成審議後，如認為符合要件，則轉交維吉尼亞州生育傷害計劃部門（Virginia Birth Injury Program），進行處理，該部門必須在收案的 10 日內作出回應。

　　當生育傷害計畫做出決議後，勞工補償委員會必須在 15 日到 90 日內，舉行聽證會說明決議。若申請人對於該決議不服，則可以向委員會或是法院再行上訴。

---

[21] 同第 2 章註 8，頁 16。

圖表 29　維吉尼亞州生育相關腦神經傷害補償流程圖，翻譯自 Virginia
　　　　Birth-related Neurological Injury Compensation Program 網站[22]。

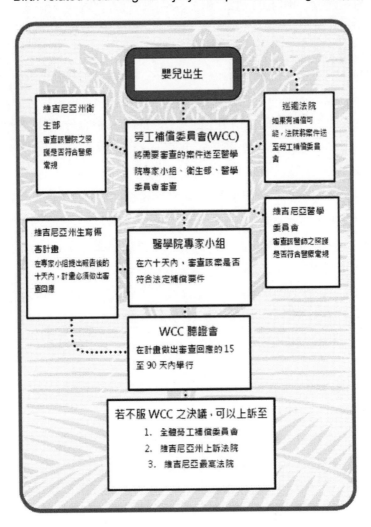

---

[22] Eligibility, Benefits & Claims, Virginia Birth-related Neurological Injury Compensation Program,
http://www.vabirthinjury.com/wp-content/uploads/2012/08/VABirthFlowChart.pdf , last visited: 2015/
4/15.

3. 施行成效

　　在維吉尼亞州於 1987 年推行此制度後，佛羅里達州也相繼於 1988 年推出相近的法案（Florida Birth Related Neurological Injury Compensation Act），其負責的單位為佛羅里達生育相關腦神經傷害補償機構（The Florida Birth-Related Neurological Injury Compensation Association, NICA）。

　　法案的內容與維州的制度十分相似，自下表[23]中就能看出，兩州所理賠的對象都一樣，傷害必須發生在醫院中；必須是永久的損傷或障礙；必須是因缺氧而引發的腦神經或脊髓傷害；且受害人必須活產。惟 NICA 額外規定，新生兒的重量必須超過 2500 克。

圖表 30　維吉尼亞州與佛羅里達州的生產傷害程序要件比較，譯自(Siegal, 2008[24])

維吉尼亞州與佛羅里達州的生產傷害程序要件比較		
	維吉尼亞州	佛羅里達州
傷害性質	腦或脊髓之傷害	腦或脊髓之傷害
是否要求活產	嬰兒必須活產	嬰兒必須活產
嬰兒體重要求	無要求	不可低於 2500 公克（多胞胎情況下不得低於 2000 公克）
致傷原因	須為缺氧或機械性損傷造成	須為缺氧或機械性損傷造成
例外狀況	因遺傳或先天畸形、神經退行性疾病、或母親濫用藥物的傷害所致	因遺傳或先天畸形所致
傷害發生地點	必須在醫院	必須在醫院
傷害的程度	該傷害必須使嬰兒有永久性的障礙	該傷害必須使嬰兒有永久且大幅的障礙

---

[23] Gil Siegal, et al.. *Adjudicating Severe Birth Injury Claims in Florida and Virginia: the Experience of a Landmark Experiment in Personal Injury Compensation*, 34 AMERICAN JOURNAL OF LAW AND Medicine. 493, 493 (2008).

[24] Id., at 531.

障礙的性質	嬰兒必須有身體上的障礙，並且有發展上之障礙或認知上的障礙	嬰兒必須在身體與心智上皆受有損害

有學者認為，該制度的出發點是減少醫師責任保險的保費，並且也有效的達成了此目的。但是在「填補病人損害」與「預防未來類似傷害」的層面上，並沒有達到理想的效果。因為補償要件過於嚴格，且疏於宣導，很多人根本不知道本制度之存在[25]。

1995 年 6 月，杜克大學醫學中心（Duke University Medical Center）接受 Robert Wood Johnson Foundation（RWJF）基金贊助[26]，對於佛羅里達州與維吉尼亞州的新生兒腦部傷害無過失制度進行研究。該研究發現，維吉尼亞制度的申請案件，遠低於一開始維吉尼亞州醫學會所預估的一年 40 件。截自 1995 年 2 月前，維吉尼亞州只收到 15 個申請案件，其中有 9 件獲得賠償；而佛羅里達州則收到了 128 個請求案件，其中有 43 件獲得賠償[27]。

根據調查，大部份的產科醫師都對於此制度尚稱滿意，但是有一半的醫師不滿意因之而需要繳納的保費。同時，針對已退出產科業的醫師進行訪談，有 39%的受訪醫師表示，其係因醫療過失案件之因素而退出。而該制度能降低醫療訴訟案件，似能達到挽留產科醫師的效果。另一方面，維吉尼亞州產科醫療責任保險的保費，也比美國其他州相同的責任保險保費為低[28]

理賠金額方面，和傳統的侵權行為訴訟案相比，賠償給病患家屬以及律師費用相加的總額，並未降低。但是病患透過該制度能夠獲得 97%的賠償金，律師費僅佔 3%；而傳統訴訟案件上，律師費卻佔了 39%。

杜克醫學中心的研究認為，這兩個制度使該州人民能有足夠的產科醫師看診，其理賠金額也少於傳統的侵權行為賠償，已經達成了立法目的。然而，

---

[25] 楊秀儀，同第 2 章註 7，頁 23。

[26] 連吉時，同第 1 章註 36，頁 268。

[27] 同前註，頁 406。

[28] 同前註，頁 270。

因為適用範圍太過窄小，申請的案件不多，對於「減低醫療傷害」的部分，
並沒有產生足夠的影響[29]。

　　當 2008 年時，論者再次就兩州的制度進行研究[30]，此時統計 2007 年 12
月為止的資料，維吉尼亞州的 BIP 共收案 192 件，佛羅里達州的 NICA 共收
案 636 件。相比之下 BIP 接受的案件數量較少，但通過率卻高達 7 成。NICA
的收案量雖為 BIP 的 3 倍，通過率卻僅有 36%。

圖表 31　2008 年維吉尼亞州和佛羅里達州生育事故案件與賠償金額統計，譯自
　　　　(Siegal, 2008[31])

2008 年維吉尼亞州和佛羅里達州生育事故案件與賠償金額統計		
	維吉尼亞州	佛羅里達州
已審查案件數	192	636
同意賠償件數	134（70%）	226（36%）
拒絕件數	38	277
撤回件數	12	96
上訴中件數 (case pending)	8	37
總賠償金額	74,000,000 美金	73,300,000 美金
每個接受案件的年度平均花費	94,400 美金	59,000 美金

　　一份由維吉尼亞州政府所提出的研究報告則顯示，維吉尼亞州與佛羅里
達州在 1998 年到 2002 年間，生育事故相關的紛爭案件賠償金額，都較其相
鄰州別為低，而判決賠償的最高額度，也是所有相鄰州別中最低的[32]。

---

[29] 同前註，頁 260。

[30] Gil Siegal, *supra note* 23, at 493.

[31] Id., at 533.

[32] Joint Legislative Audit and Review Commission of the Virginia General Assembly, *Review of the Virginia Birth-Related Neurological Injury Compensation Program* 1,33(2003)

雖然美國兩州的制度在研究過程中有所成效，但有論者認為，這僅是特殊案例，無法在其他州施行。在大部分的州，依然習慣使用侵權行為法解決生育事故案件。特別是在維吉尼亞州的經驗，當案件數逐漸上升後，該制度面臨嚴重的財務漏洞，亦是造成本計畫難以複製的原因[33]。

另有 2012 年的論著指出，在維吉尼亞州發生的大部份相關訴訟，最後都聚焦於探討原告嬰兒所受的傷害，是否屬於該制度所定義的「與生產相關之腦神經損傷」。有技巧的律師會嘗試將嬰兒所受之傷害描述成醫師的過失。另一方面，由於該制度並不補償產婦在生產過程中所造成的傷害，是以對於因之引起的訴訟亦難以解決[34]。

(二) 日本醫師責任賠償保險與「產科醫療補償制度」

日本的產科醫療補償制度，並不是日本醫師唯一適用的訴訟外醫療糾紛解決制度。早在 1973 時，日本就已經透過醫師會集體投保的保險方式，來解決日益增加的醫療糾紛問題。因此本節將先就日本醫師責任賠償保險進行介紹，再探討為何在施行了責任賠償保險之後，日本社會仍認為有另行建構「產科醫療補償制度」之必要。

1. 日本醫師責任賠償保險介紹

日本的醫師責任賠償保險（Professional Liability Insurance of JAPAN），可以區分為由社團法人日本醫師公會所負責的「日本醫師會醫師賠償責任保險」以及「日醫醫賠特約保險」。此外一般的保險公司也承保私人的醫師賠償責任保險[35]。

日本醫師會醫師賠償責任保險，誕生於 1973 年，成立契機是來自一起「東

---

[33] 同註 23，頁 529。

[34] Michael Krauss, 同第 2 章註 61, 頁 376.

[35] 王惟琪，醫師專業賠償責任保險──兼論採行日本醫師會醫師賠償責任保險之可行性，國立臺灣大學法律學系碩士論文，2007 年 1 月，頁 95。

大梅毒輸血事件」，法官嚴格的過失責任認定標準，帶給日本醫師莫大的壓力。因此於多方研討之後，日本醫師會決議要發展一套新型態的醫師賠償責任保險，以日本醫師會為要保人，和五間大型的保險公司締結契約，日本醫師則以加入醫師公會，繳納會費的方式，來享受此保險所帶來的好處。但是，也可以僅僅加入醫師公會，而不參與保險。因此，這並不是一項強制性保險。若加入保險，每一年的會費大約是 13 萬日圓，入會的每一位保險人，可以獲得一年內最高一億日圓的賠償金支付額，但若是低於一百萬日圓的賠償金，則不在該保險理賠的範圍，因此醫師多半會再就低於一百萬日圓的部分，投保其他的私人保險[36]。

　　當醫療糾紛發生時，醫師應向所屬的醫師會報告糾紛情形。該會所負責的「醫事糾紛處理委員會」，將受理此案，判斷糾紛的責任歸屬。如認為有賠償的必要，再送交保險公司的「賠償責任審查會」，決定要賠償的金額。在這個過程中，醫師僅需負責向醫師會提出糾紛的報告，當事人是「病人」與「醫師會」及「保險公司」，因此醫師也不得與病人有私下和解、自認過失等行為，如果在審查會的裁決出來之前，便自行承認過失，保險將拒絕為醫師支付賠償金[37]。另外，若有以下十種情形，也不在保險賠償的範圍之內：

(1)在海外的醫療行為

(2)被保險者的故意行為

(3)以美容為唯一目的之醫療行為

(4)因醫院火災、患者移院中發生車禍；單純設施、升降機、自動車、車輛引起的事故

(5)因被保險者與病患之約定,加重其賠償責任

(6)對被保險人同居親屬的賠償責任

(7)被保險人的工作人員，在被保險人從事業務中遭受身體損害而引起之

---

[36] 同前註，頁 100。

[37] 同前註，頁 106。

賠償責任

(8)刑事判決有罪而易科罰金時,罰金、刑事辯護費用及報酬

(9)因名譽毀損、洩漏秘密所引起之損害賠償責任

(10)沒有醫師執照的醫療行為所引起之賠償責任[38]。

下圖為醫師會醫師賠償責任保險的運作流程：

圖表 32　日本醫師會醫師賠償責任保險運作流程（王惟琪，2007[39]）

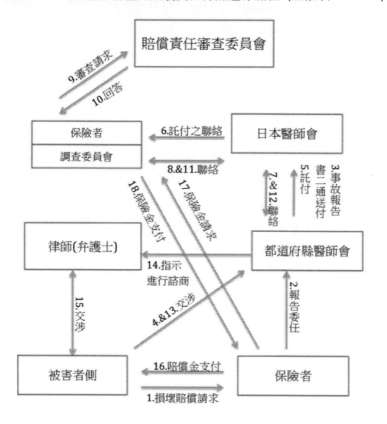

---

[38] 同前註，頁 100。

[39] 同前註，頁 104。

除此之外，尚有「日醫醫賠特約保險」（日医医賠償特約保険）。日醫醫賠特約保險，是日本醫師會在檢討了施行已久的日本醫師責任賠償保險後，於 2001 年創立的新制度。該制度的特色，在於彌補日本醫師責任賠償保險在理賠時，不擔保未投保醫師之責任。當發生醫療糾紛，當事人包含有投保的醫院與未投保的醫師時，便發生保險無法涵蓋全部賠償金額的缺口。因此遂透過此項保險，以涵蓋未投保醫師責任賠償的部分[40]。

從以上敘述中，可以了解到日本早在 1970 年代，就已經使用保險方式，試圖解決醫療糾紛。但日本在近十年來，仍遭遇「醫療崩壞」之危機。論者指出，原因可能在於「過分壓縮的醫療預算」、「執法人員的偏見」、「錯估醫療市場的勞動力需求」等幾項原因[41]。

2. 日本「產科醫療補償制度」

2006 年，一位日本婦產科醫師竟然因為產後大出血死亡的案件，在眾目睽睽之下被上銬帶走，被訴以業務過失致死罪，帶給日本醫界十分強烈的衝擊。媒體的過度渲染和司法對醫療不確定性的不了解，引發了大量的醫師離職潮。醫師人力的流失，使得日本不得不正視利用訴訟解決醫療糾紛，所帶來的困境，進而思考採用 ADR 方式解決醫療糾紛的可能性[42]。

此外，日本學者也就日本於 1997 年到 2007 年間，64 個與生育事故有關的民事判決進行分析，其中法官判決醫院應該賠償的高達 44 件，佔全部案件的 69%，腦部癱瘓案例（cerebral palsy）損害賠償的平均金額則為 97,810,000 日圓，約相當於兩千六百萬臺幣[43]。

在這樣的趨勢下，日本的「產科醫療補償制度」（產科医療補償制度）在

---

[40] 同前註，頁 115。

[41] 蔡岳熹，側看日本的醫療崩壞，臺灣醫界，第 56 卷第 5 期，頁 63-64，2013 年 5 月。

[42] 同前註，頁 63-64。

[43] Nana Uesugi et al., *Analysis of Birth-Related Medical Malpractice Litigation Cases in Japan: Review and Discussion Towards Implementation of a No-Fault Compensation System*, 36 J. OBSTETRICAL & GYNÆCOLOGICAL RES. 717,719 (2010)

2009 年誕生了。日本學者指出：「日本醫師會在 2006 年 8 月，就關於分娩關
聯性腦性麻痺障礙（殘疾）補償制度，公布報告。此報告，將會能作為醫療
事故障礙者的救濟，以及再造醫師與患者間的信賴為基礎的醫療環境為目的
之解決方案之一環，是以同年 1 月公布之『對於醫療所發生之障礙，實行迅
速、公平補償之公性質補償制度』之導入是必須的。此制度，如果能適應到
所有關聯醫療行為之障礙是最好的，但於現實上在資金面也有其極限。因此
於最有實現可能，並且最與臺灣之政策課題合致，緊急度尤其高的『分娩關
聯性腦性麻痺障礙補償制度』優先實施[44]。」

日本醫師會首先認可「無過失補償制度」創設的必要，並且認為與分娩
相關之腦性麻痺障礙，最有急迫性，在資金有急迫性時，應優先實施。同時
也隱含著，在資金充裕時，可以延伸到其他類型醫療救濟的可能。最後，在
2009 年時，正式推出了「產科醫療補償制度」。

本制度由日本厚生勞動省所推動，主要負責單位為：財團法人日本醫療
機能評估機構（Japan Council for Quality Health Care, JCQHC）。根據其訂定的
「產科医療補償制度標準補償約款」第一條說明，此制度的目的，是在迅速
補償因為分娩而生的過失與無過失醫療事故，所造成的腦性麻痺兒及其家庭
的經濟負擔，並透過提供分析事故發生之原因，及防止未來再發生同種事故
的資訊之方式，防止並早期解決醫療糾紛，提升醫療照護之品質[45]。

在日本產科補償制度的宣導網站上說明，設立此制度的原因，在於(1)迅
速補償腦部受損兒童與其家庭的生活困境與經濟負擔；(2)檢討及預防相關事
件的再次發生；(3)防止醫療糾紛，提升醫療品質[46]。

---

[44] 我妻學，分娩に関連する脳性麻痺に対する無過失補償制度：ハ゜ーシ゜ニア州における無過失補
償制度を中心にして（村松勲教授追悼号），法學會杂志，48(2): 79-117，2007 年 12 月，79-80。

[45] 財団法人日本医療機能評価機構，產科医療補償制度 標準補償約款，2014 年 1 月。

[46] 分娩に関連して発症した重度脳性まひのお子さまとご家族の経済的負担を速やかに補償すると
ともに、原因分析を行い、同じような事例の再発防止に資する情報を提供することなどにより、
紛争の防止・早期解決および産科医療の質の向上を図ることを目的としています。本制度の運
営は、公益財団法人日本医療機能評価機構が行っています。出自：產科医療補償制度について，

　　運作方式，則是由 JCQHC 與民間保險公司簽約，以分娩機構擔任被保
險人。經費來源，則是由分娩機關向產婦收取後交給 JCQHC，JCQHC 再交
給所簽約的保險公司，以作為本制度之經費收入[47]。

圖表 33　日本產科補償制度運作示意圖，譯自公益財団法人日本医療機能評
　　　　　価機構網站[48]。

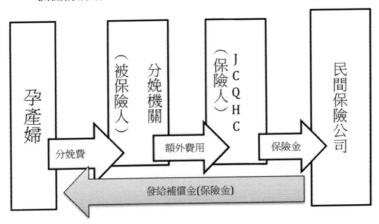

　　每一位產婦在懷孕滿 22 週以前，可以自由決定是否繳交 3 萬日圓參與計
畫（2015 年 1 月後降為 1 萬 6 千日圓），作為保險費用來源。若加入補償制
度，則產婦的分娩費為 4,2000 日圓，而不加入的費用則為 3,9000 日圓[49]。這
筆錢則可以在產婦申請「生育津貼」時，額外多領 3 萬日圓以返回，因此不
至於造成產婦額外繳款[50]。此項返還款項也透過平成 20 年 12 月 5 日（2008

厚生労働省網站，http://www.mhlw.go.jp/topics/bukyoku/isei/i-anzen/sanka-iryou/，最後瀏覽日期 2015
年 3 月 15 日。

[47] Taro Tomizuka & Ryozo Matsuda, *Introduction of No-Fault Obstetric Compensation*, HEALTH POLICY
MONITOR 14(2009)

[48] 同前註。

[49] 公益社団法人日本医師会，平成 27 年 1 月からの出産育児一時金見直し（産科医療補償制度等
の一部改定），2014 年 1 月 18 日。

[50] 呂佳育，日本產科醫療補償制度，醫改雙月刊，第 33 期，頁 11， 2009 年 10 月。

年），健康保險法第 36 條的修法得以實現。2015 年 1 月 1 日之後，更因為保費盈餘充足，將每位產婦要繳交的金額降低為 1 萬 6 千日圓[51]。

補償的對象則為：出生體重 2000 克以上，且母親懷孕滿 33 週以上的新生兒。若符合特殊要件[52]，則懷胎滿 28 週的新生兒也可以給付。所補償的傷害程度，則需要符合日本身體障礙手冊上一、二級腦性麻痺的標準。但若有以下情形，則不予賠償：

(1)先天性原因造成因腦性麻痺，包括：兩側性廣範腦畸形、染色體異常、遺傳因子異常、先天性代謝異常。

(2)新生兒期造成的腦性麻痺：生產後感染症。

(3)孕婦在懷孕或生產過程中，故意或重大過失引起之腦性麻痺。

(4)地震、火山、海嘯等天災或戰爭、暴動等突發事件造成腦性麻痺。

(5)小孩出生後不滿 6 個月發生死亡[53]

本制度僅就受害人是否符合腦性麻痺標準與否，進行審核，無論傷害結果造成的原因是否可歸責於醫方，請求權人都能得到補償，但是在 JCQHC 與接生醫療院所所簽訂的產科醫療補償制度加入規約（產科医療補償制度加入規約）第 27 條規約中，也提及若在審核後，認定腦性麻痺的結果係因醫療院所有重大疏失所致，則保險公司有權代位請求賠償[54]。

---

[51] 產科医療補償制度，公益財団法人日本医療機能評価機構網站，瀏覽網址：http://www.sanka-hp.jc qhc.or.jp/search/index.php，最後瀏覽日期 2015 年 3 月 14 日。

[52] 特殊要件為：(a)持續低血氧狀態而臍帶動脈血為代謝性酸中毒(PH＜7.1)。 (b) 胎兒心跳監視器本來沒有異常，卻因前置胎盤、常位胎盤早期剝離、子宮破裂、子癇、臍帶脫出，而發生下述任一情況，且心拍數基線細變動消失：1.突發性且持續徐脈、或 2.子宮收縮達 50%以上，出現遲發之暫時徐脈、或 3.子宮收縮 50%以上，出現變動之暫時徐脈。引自張念中，台日醫療無論過失補償制度之比較，新北市醫誌，第 14 期，頁 10，2012 年 3 月。

[53] 同前註，頁 10。

[54] 產科醫療產科医療補償制度加入規約，平成 27 年 1 月。第二十七條：機構か○內部に設置した專門家による原因分析に関する第三者委員会(以下「原因分析委員会」という。)により、当該重度腦性麻痺について加入分娩機関における診療 行為等か○、一般的な医療から著しくかけ離れていることか○明らかて○、かつ産科医療とし て極めて悪質て○あることか○明らかて○あるとされて機構か○別に設置する医療訴訟に精通し た弁護士等を委員とする委員会(以下「調整檢討委員

　　補償請求權人，應該要在受害兒童出生一歲之後到五歲生日的期間提出補償之申請，但如果受害狀況十分嚴重，經醫師診斷確實，則能例外在六個月後便提出申請。

　　申請補償的個案，若經 JCQHC 審核通過，最高可獲得總計 3000 萬日圓的補償金，此補償金並非一次性發放。除了在審核通過的六十日內，便能得到 600 萬日圓的照護準備金外，剩餘金額，則將以每年 120 萬日圓的額度，最多連續 20 年進行發放[55]，以分攤照護家庭的沈重壓力。

　　下圖為加入「產科醫療補償制度」後，張貼在醫療機構內的「登錄証」，標誌顏色為粉紅色[56]。

圖表 34　機構登錄證，擷取自公益財団法人日本医療機能評価機構網站

<hr/>

会」という。)へ諮った場合は、機 構は、速やかに当該加入分娩機関および補償請求者にその旨を通知することとする。

2 調整検討委員会か当該重度脳性麻痺について加入分娩機関およびその使用人等に損害 賠償責任かあることか明らかてあると認めたときは、加入分娩機関は、紛争解決に向け た対応に努め、正当な理由かある場合を除き、前条に規定する補償金返還措置を講しな ければならない。

[55] 同註 34，頁 11。

[56] 産科医療補償制度について，厚生労働省網站，http://www.mhlw.go.jp/topics/bukyoku/isei/i-anzen/sanka-iryou/，最後瀏覽日期 2015 年 3 月 15 日。

　　此計畫雖非強制加入，但根據官方統計，將近 99% 的醫療院所都已經加入此計畫。下表為 2015 年 3 月 3 日前，已經加入的醫療機構統計[57]。

圖表 35　日本產科醫療補償制度加入機關分布，譯自公益財団法人日本医療機能評価機構網站

類型	有提供接生的機構	加入計畫的機構	加入比例
醫院、診所	2858	2854	99.9
助產所	444	444	100
合計	3302	3298	99.9

　　在案件審理數量上，2009 年至 2012 年的審理案件數分別是 207、215、162、78 件，又根據 2012 年日本的出生人數有 103 萬 3 千人計算之[58]，JCQHC 所募集到的經費用以支應補償案件，可以說是綽綽有餘。因此，於 2015 年 1 月 1 日起，保費調降為一萬六千日圓。

　　在減少醫療訴訟的實際成效上，亦有研究顯示具有成效。該研究針對 1997 年到 2007 年間的 64 件生產相關醫療糾紛進行研究，發現病人勝訴的 44 件案例中，假如有加入現今的產科醫療補償制度，將有 34 件能夠獲得補償，而不必進入繁瑣冗長的訴訟程序。另外敗訴的 20 件中，也有 11 件符合產科醫療補償制度的補償標準，不需另外舉證醫師的過失責任。因此日本的產科醫療補償制度，被認為的確比訴訟更具有減少醫病對立，迅速補償病人的益處[59]

　　本制度除了給予腦性麻痺兒補償，另一項目的在於預防類似事件再發生。JCQHC 要求所有參與本制度的醫療院所，有義務上網登錄參與保險的孕產婦資料，並確實完成腦性麻痺案件的通報。腦性麻痺案例一旦發生，便會

[57] 翻譯自：加入分娩機関検索，公益財団法人日本医療機能評価機構網站，http://www.sanka-hp.jcqhc.or.jp/search/index.php 最後瀏覽日期 2015 年 3 月 14 日。

[58] 陶楷韻，同第 3 章註 41，頁 25。

[59] 同前註，頁 27。

由專業的醫學人士分析事故發生之原因，一方面將分析結果告知母親與生產機構，一方面將資料彙整自 JCQHC。JCQHC 在匯集了這些資料後，再將可能的改善與預防方法公布於大眾，以達到提升產科照護品質、預防類似事故的成效。

三、臺灣生育事故補償計畫之緣起

　　臺灣生育事故補償計畫的建立，並非一蹴可幾。而是在長達十數年之間，各方團體的奔走與關注下，才於焉成形。此計畫的推動，最主要的倡議團體，係來自女權團體以及婦產科醫學會共同催生，以及政府逐漸認知到，生育率下降已成為國家安全問題之影響。然就算有了共識，認為臺灣的確需要一個能儘速解決婦產科醫療糾紛、救濟生育事故被害人的制度。該制度該如何推行，經費來源、救濟方式、執行單位為何，都引起許多討論。

　　於本節，將分項敘述各界在推動生育事故補償計畫之影響，以及現今的生育事故救濟制度，如何經過討論成形的過程。

(一) 女權團體與婦產科醫學界之倡議

　　由於生育係女性獨有的特殊經驗，並且與婦女的健康安全息息相關。婦女團體對於生育事故的議題，特別重視。生育事故補償計畫之緣起，首先便來自於臺灣社會婦女團體之倡議。

　　根據婦女團體「台灣女人連線」說明[60]，1999 年，兩名婦產科醫師爆發七件醫療糾紛之事件，是婦團開始關注婦女生育安全之起點。2000 年時，婦女團體在研修婦女團體版生育保健法時，首次提出「國家應建立女性生產風

---

[60] 生育風險補償基金，台灣女人連線網站，2014 年 10 月 23 日，http://twl.ngo.org.tw/health_word.asp?artid=00187&artcatid=00002&artcatnm=%AC%DB%C3%F6%ACF%B5%A6&nouse=637，最後瀏覽日期：2015 年 2 月 16 日。

險的承擔機制」的想法，認為生育之風險，不應該只有女性與其家庭承擔。

2005 年時，該想法延伸為對制度之研究，婦女團體開始研擬臺灣的生育風險補償制度，期待能參酌國外的無論過失補償制度（no-fault compensation）。當生育意外發生時，不討論醫師、醫院的過失，而給予婦女、家屬迅速的補償。期待能藉此有效減少醫病雙方，因為冗長訴訟過程所帶來的負面影響。

2006 年，第九屆「台灣婦女健康行動會議」後，婦女團體之代表與當時之衛生署長侯勝茂達成共識，應將「生育風險補償」做為整體醫療風險補償的先驅計畫。在整體醫療風險補償方案尚未成行形之前，優先制定生育風險補償的相關制度。

台灣女人連線提出，應優先考量生育風險補償機制的三項理由如下[61]：

(1)生育是國家的事：生育所帶來的影響，並非只影響到女性的個人與家庭，還影響到整個國家的人力資源。每個新生命，都是國家未來的主人翁。因此生育的風險，不應只由產婦家庭來承擔；

(2)醫療本質的不確定性：醫療的本質充滿不確定的因素，事前難以準確預估相關風險。當事故發生時，責任歸屬之認定難以釐清；

(3)生產容易發生醫療糾紛，對婦女、家屬與社會造成不利：因生產的風險高，婦女與家屬遭遇生育事故時，往往只能訴諸法律請求補償。但訴訟曠日費時，加上上述責任歸屬認定困難之問題，反帶給婦女二度傷害。對於婦產科醫而言，也可能採取防禦性醫療的態度，甚至不接生、不當產科醫師，臺灣生育照護品質，反而下降。

總結以上三個原因，婦女團體積極倡議生育風險補償制度應立即辦理。

除了婦女團體，需要在第一線面對許多生育事故醫療糾紛的婦產科醫學會，也積極要求政府辦理生育事故救濟計畫。2008 年時，總統候選人馬英九的競選承諾，曾有推動生育事故補償計畫一項，但遲遲未加落實。2012 年時

---

[61] 同前註，最後瀏覽日期：2015 年 2 月 16 日。

更傳出好不容易即將成形的計畫，被行政院擋下。台灣婦產科醫學會在隔日立即舉辦「馬英九總統：您再不走，產科醫師要走了！」記者會，表達抗議與訴求。

　　新聞報導：「婦產科醫學會理事長謝卿宏表示，此結果令人痛心，最近幾起醫療糾紛，病人對醫師提告前，先訴諸媒體做出指控，即使檢方不起訴，但已傷害醫師個人名譽，整個婦產科醫療生態更遭嚴重扭曲，年輕新血望之卻步[62]。」極力呼籲生育事故救濟計畫，應迅速推行，以改善婦產科醫師人力流失、醫師人口結構老化、醫療糾紛過多、「錢少，事多，離監近」的惡劣情勢[63]。

　　在這兩股力量的倡議下，衛生署承諾將積極推行相關計畫。

(二)「生育風險補償基金」之規劃與障礙

　　在最初，該制度希望以「生育風險補償基金」的方式進行。提撥一定基金，給發生生產事故的產婦與家屬迅速、即時的補償。根據醫改會資料，當時擬定的預算大約十二億。進行方式為：「三分之一來自婦產科醫師，每次接生繳 2000 元，其他三分之二政府出，也就是全民買單[64]。」代表病人聲音的醫療改革基金會雖然贊成此制度，卻也對於經費來源抱持疑問，擔心每次接生繳兩千元的方式，可能把費用轉嫁到產婦身上[65]。

　　新聞報導則估計約需十二億：「一部分是將健保應給付給婦產科醫師的接生費用中挪支，醫師每接生一位新生兒，必須繳付新臺幣兩千元存入生產風

[62] 「生育事故救濟難產 醫界激憤嗆馬」，自由時報，http://news.ltn.com.tw/news/life/paper/592521，2012 年 6 月 18 日。

[63] 「生育救濟跳票婦科嗆馬」，蘋果日報，http://www.appledaily.com.tw/appledaily/article/headline/20120618/34307846/ ，2012 年 6 月 18 日。最後瀏覽日期：2015 年 2 月 21 日。

[64] 醫改會研究發展組，「醫療傷害，除了迅速補償，也要避免再發生」，醫改雙月刊第 24 期，財團法人台灣醫療改革基金會，頁 3，2008 年 4 月 1 日。

[65] 「追查疏失，醫療糾紛處理才能治本」，台灣醫療改革基金會網站，2008 年 3 月 11 日，http://www.thrf.org.tw/Page_Show.asp?Page_ID=662，最後瀏覽日期：2015 年 2 月 21 日。

險補償基金，預估一年約可籌獲四億元左右；另一部分則由公務預算補足推
動計畫所需差額，一年需編列約八億元[66]。」由於預估金額相當龐大，難以
迅速推行，因此生育風險基金的計畫，受到擱置。

2010 年時，婦女團體協同立委，共同擬具「生產風險補償條例草案」，
惟該草案並無交予院會審議。同年，衛生署在召開「醫療傷害救濟法專家會
議」後，與會專家支持從產科開始著手，並決定以三年期試辦計畫之方式進
行。

2012 年，試辦計畫正式開始執行，為期三年。計畫全名為「鼓勵醫療機
構辦理生育事故爭議事件試辦計畫」。該方案由行政院衛生署(今改制為衛生
福利部)主導，於民國 101 年 9 月 26 日，訂定「『鼓勵醫療機構辦理生育事故
爭議事件試辦計畫』申請作業須知」，於背景說明中，闡述推動此方案之緣由：

> 鑑於生產過程致生不良結果之事故，常引起醫病爭議，滋生醫病關
> 係之緊張或對立，甚至導致冗長之民事或刑事訴訟……爰此，為解
> 決醫療爭議由病人單方承擔醫療不良結果之情形，並紓緩日益增加
> 之醫療爭議事件，改善醫病關係促進社會和諧……擬具「鼓勵醫療
> 機構辦理生育事故救濟試辦計畫」，作為未來規劃全面性醫療傷害補
> 償制度之先驅計畫，並達成社會互助與正義、醫療體系健全發展及
> 醫病關係和諧之三贏目標[67]。

此試辦計畫為期三年，自民國 101 年開始，103 年結束。由政府提供給
遭受生育事故的病人最高 200 萬元的救濟金，以保障病人權益，並使其更有
意願以調解的方式解決糾紛。至於經費來源，則由醫療發展基金支應。

---

[66] 「衛署：推動生育風險補償 尋求共識中」，中央社報導，2008 年 3 月 5 日，http://news.tw16.net/
newsData.asp?nNo=1474 最後瀏覽日期：2015 年 2 月 16 日。

[67] 見「鼓勵醫療機構辦理生育事故爭議事件試辦計畫申請作業須知」，背景說明。。

四、臺灣生育事故補償計畫之內容

　　為方便討論，以下估將「鼓勵醫療機構辦理生育事故爭議事件試辦計畫」簡稱為「生育事故補償計畫」或「試辦計畫」。本計劃的內容與執行方式，包括試辦計畫之法源、經費來源、請求權人及申請流程等步驟，將在本節中詳細說明。

(一) 法源依據

　　在民國 101 年開始施行的「鼓勵醫療機構辦理生育事故爭議事件試辦計劃」，是臺灣首次出現，對無過失的醫療事故給予補償的方案，也是第一個針對生育事故醫療糾紛提出訴訟外解決途徑的方案。

　　本計劃之法律依據，係源於醫療法第 91 條[68]，以及醫療事業發展獎勵辦法第 2 條第 3 項。以及行政院 101 年 7 月 5 日院台衛字第 1010025337 號函，核定辦理。其中醫療事業發展獎勵辦法第 2 條第 3 項，更明訂「婦產科、兒科醫療資源及品質之改善」為獎勵措施關注之項目。

　　在計畫目的中，還分別提出四項要點，分別是：

(1) 護醫病雙方權益，促進醫病關係和諧。

(2) 迅速解決爭議，實現社會公平與正義。

(3) 提升病人安全與醫療服務品質。

(4) 改善婦產科執業環境，提供孕產婦生育安全保障。

　　本計劃試辦計畫的救濟金來源，則是以醫療發展基金支應。其法源為「醫療發展基金收支保管及運用辦法」，根據辦法規定，基金之來源有「由政府循

---

[68] 醫療法第 91 條
　中央主管機關為促進醫療事業發展、提升醫療品質與效率及均衡醫療資源，應採取獎勵措施。
　前項獎勵措施之項目、方式及其他配合措施之辦法，由中央主管機關定之。」

預算程序之撥款」；「菸品健康福利捐分配收入」；「受贈收入」；「本基金之孳息收入」；「其他有關收入」等五類[69]。對於試辦計畫之支應，則應屬於辦法第 4 條第 1 款「促進醫療事業發展之獎勵」之項目。

　　本書整理試辦計畫相關法源，與計畫施行的流程如下圖。

---

[69] 醫療發展基金收支保管及運用辦法，第 3 條。

圖表 36　臺灣生育事故試辦計畫申請救濟流程圖，作者整理試辦計畫須知製作

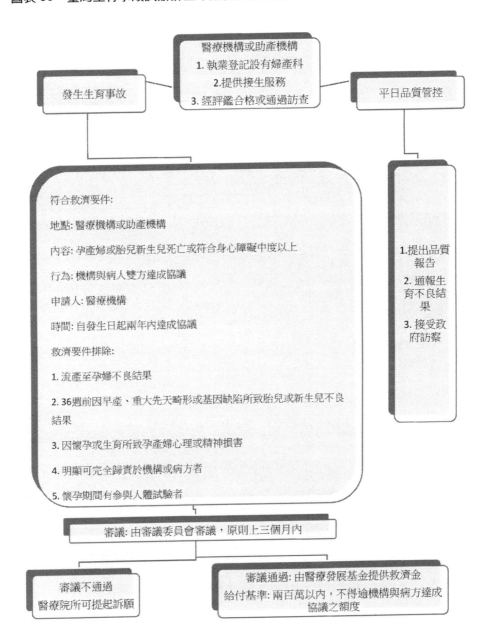

(二) 計畫執行

1. 適用主體

　　本試辦計畫的適用主體包含孕產婦、胎兒與新生兒。關於救濟的類型，僅針對特定類型的生育事故給予救濟。前提是，必須以醫療機構或助產機構已盡必要之醫療措施為限[70]，並且，在試辦須知中，明定以下五款除外條件[71]：

　　(1)流產致孕產婦與胎兒之不良結果。

　　(2)36 週前因早產、重大先天畸形或基因缺陷所致胎兒死亡（含胎死腹中）或新生兒之不良結果。

　　(3)因懷孕或生育所致孕產婦心理或精神損害不良結果者。

　　(4)對於生育事故明顯可完全歸責於機構或病方者。

　　(5)懷孕期間有參與人體試驗情事者。

　　需要特別注意的是，除外條件的第四款：「對於生育事故明顯可完全歸責於機構或病方者」，也不在救濟的條件之中。因此，本制度仍僅就無過失或過失難以認定之部分，給予補償，而非真正「無論過失」──不管是否有否過失，僅需認定受害之結果屬於因生育事故而致，便給予補償。

2. 參與情形

　　本計劃之執行，首先為徵求有提供接生服務的醫院、助產機構，以自願的方式加入。根據衛福部醫事司公布之資料，截至 2013 年 6 月止，共有 303間醫療院所參與本計劃，分別為助產所 1 間，診所 149 間，醫院 153 間，約佔全國有提供接生服務之 384 間醫療院所的百分之八十。但也有 10 間診所與

---

[70] 生育事故救濟條件：係指醫療機構或助產機構（以下稱機構）於周產期之醫療與助產過程中，已依該機構專業基準施予必要之診斷、治療或助產措施，仍致孕產婦或胎兒、新生兒死亡或符合相當於身心障礙者權益保障法所定中度以上障礙之生育事故事件。「鼓勵醫療機構辦理生育事故爭議事件試辦計畫申請作業須知」，行政院衛生署衛署醫字第 1010267046 號公告，2012 年 9 月 26日。

[71] 同前註。生育事故救濟條件之排除項目說明。

2 間醫院，在加入後又決定退出。至於另外百分之二十，不加入試辦計畫的醫療院所，醫事司官員說明，其中大部分是診所，因為生產案件一年只有一至二個，所以不想參與[72]。而在 2015 年 5 月以前，維持加入的醫療院所共有 292 間，包含醫院 150 間，診所 141 間，助產所 1 間[73]。

圖表 37　臺灣參與生育事故救濟醫療院所標章，擷取自衛福部醫事司網站[74]

成功參與的醫療院所，將能取得以上的「生育事故救濟醫療院所」標章。

3. 執行方式

加入計畫的醫療機構，若在計畫執行期間（民國 101 年或 103 年），有發生符合救濟資格之生育事故救濟案件，且與病方達成協議後。醫療機構檢附相關文件，便能夠向主辦機關提出救濟金的申請。

---

[72] 立法院公報，第 13 卷，第 26 期，委員會紀錄，頁 130，103 年 5 月 1 日。李偉強發言，

[73] 衛生福利部新聞稿，「生育事故救濟試辦計畫」成效斐然，降低產科醫療糾紛，改善執業環境，衛生福利部醫事司，2015 年 5 月 8 日。瀏覽網址：http://www.mohw.gov.tw/CHT/Ministry/DM2_P.aspx?f_list_no=7&fod_list_no=5312&doc_no=49281 最後瀏覽日期：2015 年 6 月 6 日。

[74] 生育事故救濟試辦計畫合約醫療院所計畫標章，行政院衛生福利部醫事司，2013 年 6 月 25 日，瀏覽網址：http://www.mohw.gov.tw/cht/DOMA/DM1_P.aspx?f_list_no=608&fod_list_no=760&doc_no=1789，最後瀏覽日期 2015 年 6 月 15 日。

救濟申請案，將由「行政院衛生署生育事故救濟審議委員會」進行審議，核定救濟之金額，但此項金額的核定，不得超過醫療機構與家屬達成協議的額度。核定金額之依據如下表所示：

圖表 38　生育事故個案發生情節與救濟金額上限表，作者整理試辦計畫須知製作

個案事實發生情節	救濟金額上限
孕產婦死亡	新臺幣 200 萬元以內。
胎兒、新生兒死亡	新臺幣 30 萬元以內。
孕產婦或新生兒極重度障礙	每人新臺幣 150 萬元以內。
孕產婦或新生兒重度障礙	每人新臺幣 130 萬元以內。
孕產婦或新生兒中度障礙	每人新臺幣 110 萬元以內。

若救濟案件經審議會審查通過，醫療機構將可以憑審議會之通知，向衛生署領取核定款項，再於十天之內，交付給救濟對象，並將救濟金額領取證明單寄回衛生署。

但根據計畫規定，有下列情形者，則應返還全部或部分的救濟金額：

(1)經查明醫療機構未有向病人或受益人撥款或依約提出協助之事實者；

(2)醫療機構檢具之資料不實，或以虛偽或其他不正當方法、手段等獲取得救濟金額者；

(3)生育事故嗣後經司法裁判確認為醫事人員可歸責且具故意或重大過失者[75]。

依照除外事項的第三項規定，可以推論，參與本計劃之醫療機構，並無法律追溯的豁免權，受害方即使已經提出告訴，仍可與醫療機構進行協議；而即使受害方與醫療機構達成協議，仍不影響其事後提起訴訟之權利，因此病方並不會因為接受救濟，而必須放棄訴訟權。

---

[75] 見「鼓勵醫療機構辦理生育事故爭議事件試辦計畫申請作業須知」。

(三) 審議與評鑑機制

　　救濟金是否核發，需經由審議會決議。依據行政院核定之「行政院衛生署生育事故救濟審議委員會設置要點[76]」規範，審議會委員應為九到十五人，由醫事專家（含婦產科團體代表）、法律學者專家、社會公正人士以及衛生署所派代表組成。並且任一性別、法律學者專家以及社會公正人士，不得少於三分之一。每一任委員的任期為三年，每次召開會議時，必須至少有二分之一以上的委員出席。

　　審議會的任務有四：生育事故救濟條件之訂定；生育事故爭議事項之審議；生育事故救濟金額之審定；其他有關生育事故救濟事項之審議。在「行政院衛生署生育事故救濟審議基準及作業程序[77]」中規定，當生育事故發生時，生育事故救濟的申請人，也就是，有參加計畫的醫療院所與助產中心，應該在與受害家達成協議的六十日內，提出生育事故救濟金的申請。

　　當審議會的收到案件時，則須要於收到案件的三個月內，做出審定。如有必要，方得以再延長一個月。在下圖中，可以看出生育事故一旦發生時的可能時間軸進展，從事故發生到交付救濟金，理論上有可在 160 天內完成。這樣的時程規定，顯然較走入訴訟所需花費的平均時間，來得迅速，本書將於第五章做更詳細的分析。

---

[76] 「行政院衛生署生育事故救濟審議委員會設置要點」，101 年 8 月 9 日衛署醫字第 1010265427 號核定，102 年 9 月 3 日衛部醫字第 1021620155 號修正。

[77] 「行政院衛生署生育事故救濟審議基準及作業程序」，101 年 9 月 26 日衛署醫字第 1010267046 號核定，102 年 9 月 3 日衛部醫字第 1021620155 號修正。

圖表 39　進行生育事故救濟的時間軸，作者整理試辦計畫須知製作

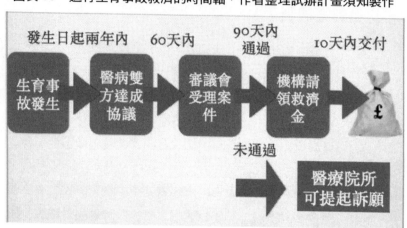

如果申請補償獎勵的醫療機構，對審議結果不服，則可以採取「行政訴願」的管道表達異議。相關案例，可參考行政院決定書，院台訴字第1030130603號，「何宗泰即何婦產科診所因申請生生育事故救濟事件」。

本訴願主旨係因，何婦產科診所發生一起新生兒猝死之案件，在與產婦達成補償協議後，向衛生署申請救濟金，但審議會卻裁定不予理賠。何婦產科診所不服此結果，再行提起訴願。衛生署則以：

新生兒出生時外觀一切正常，出生後 6 小時始經護理人員發現無哭聲、臉色蒼白，旋於急救 2 分鐘後死亡，似新生兒猝死症。而新生兒猝死症，係指新生兒突然且無法預期的死亡，多數查無真正致死原因，經驗上不僅可能存在醫學健康因素（母體、新生兒），社會因素（家庭、照護措施）往往亦不能完全排除其對新生兒猝死之因果力，凡此均與生產過程無直接因果關係，即與生育事故計畫救濟範圍所指涉之生產風險不存在關聯性[78]。

---

[78] 引自院台訴字第 1030130603 號，2014 年 4 月 11 日。

作為說明理由，維持審議會之決議，不予核發救濟金。

從本訴願書中似可見到，參與計畫之婦產科診所，所認知的救濟範圍，可能與計畫救濟範圍有落差。另一方面，當婦產科診所已經先行與產婦家屬達成和解，卻無法成功申請救濟金時，會有感到不服氣的情況發生。此類爭議將在後面篇幅進行討論。

本試辦計畫除了有救濟遭逢生育事故受害人的方向以外，另一部分也涵括了評鑑與回報的機制。首先，參與醫療院所的醫事機構，必須參與評鑑，評鑑合格才能繼續參與計畫。

另外，也必須進行死傷案例通報。醫事司官員表示，這是希望能透過試辦計畫蒐集資料，他表示：「現在醫糾事件發生後會進入法院的只是冰山一角，因為醫院內部會先進行和解，和解也涉及金錢補償；有些案件則會進入縣市調解委員會去處理，這是第二階段，這兩階段都無法處理的案件才會進入法院。我們現在蒐集的資料只有法院這部分，當我們陸陸續續越放越寬時，冰山底下暴露的範圍就會越來越大，這部分還有待持續蒐集資料[79]。」

(四) 計畫之修正與延伸發展

生育事故試辦計畫自 101 年施行之後，於 102 年 5 月 26 號，又公布修正過後的計劃版本。修正版本除了幾處文字異動以外，與原先計畫最大的差異，在於刪除醫療機構與助產機構在申請參與計畫之期限。原先規定，相關機構必須於 102 年 3 月 1 日前，或登記執業三個月內申請參與，但為了鼓勵更多機構參與，爰將此條刪除[80]。並且為了滿足審議所需，新增加「病歷資料複製調閱同意書」附件，醫療機構在申請生育事故救濟案件時，除了原先所需資料，還需附上本同意書，以方便審議會進行病歷調閱。

另一方面，衛生署亦透過衛署醫字第 1020211045 號函，將生育事故試辦

---

[79] 立法院公報，同註 72，頁 124，李偉強發言。

[80] 參見衛署醫字第 1020211043 號。

計畫委託「財團法人藥害救濟基金會」，處理有關救濟審議之受理、審議程序、缺補件及檢具領據通知以及救濟之事務等事宜，因此也將申請案件之聯絡處、寄件處，修改為財團法人藥害救濟基金會所在位址。民國 102 年 7 月 23 日後，亦配合衛生署改組為衛生福利部，修正主管機關抬頭。

　　經過民國 101 年至 103 年的實際推行，第一階段的生育事故補償試辦計畫，已經告一段落，衛生署也提出了成果報告書，並在立法院會中接受質詢。

　　由於試辦計畫之成效，具有正面影響，且鑑於「醫療糾紛處理及醫療事故補償法」，尚未立法完成。以及根據衛福部的問卷調查，目前所有參與的醫療院所與醫師之中，有八成六都希望能繼續辦理[81]。因此在衛福部的專案報告中，已決議將此計畫再行延長，直到民國 105 年，或延長至醫療糾紛處理及醫療事故補償法草案立法完成發布施行為止[82]。

　　以產科為主的試辦計畫在執行後，受到醫界肯定，因此經立法院第 8 屆第 4 會期社會福利及衛生環境委員會決議，將進一步推行「手術及麻醉事故試辦計畫」，目前衛生福利部已在 103 年 9 月核定「鼓勵醫療機構妥善處理手術及麻醉事故爭議事件試辦計畫」申請作業須知[83]，將給予發生手術或麻醉事故的病人及家屬，最高新臺幣 80 萬元的救濟金。另一方面，則有立法委員認為目前的試辦計畫仍有缺失，不宜與醫糾法合併執行，持續倡議於民國 101 年間，所提出的生產風險補償條例草案[84]。

---

[81] 立法院公報，同註 72，頁 132，李偉強發言。

[82] 同前註，頁 5。

[83] 衛生福利部醫字第 1031666965 號函，2014 年 9 月 29 日。

[84] 生產風險補償條例草案，院總第 1353 號，委員提案第 13937 號。立法院第 8 屆第 2 會期第 3 次會議議案關係文書，2012 年 10 月 3 日。

第五章
臺灣現行生育事故補償計畫之實效與檢討

　　在本章中，將回應最一開始的問題意識，也就是臺灣是否需要生育事故補償計畫，而生育事故補償計畫又能解決怎樣的問題。在此將分為三個小節，第一個小節分析臺灣現行生育事故補償計畫的特殊發展經驗；第二個小節就生育事故補償計畫在法律位階的討論提出建議；第三小節則為本計畫的延伸思考。

一、臺灣現行生育事故補償計畫之實效評估

　　在本節中將透過數據分析，本試辦計畫中的實際施行成效，並探討現行補償制度是否真的比過去的訴訟模式更能解決「生育事故受害人難以透過訴訟得到補償」，以及「產科醫療糾紛過多導致防禦性醫療及產科醫師出走」這兩項問題。

(一) 臺灣現行生育事故補償計畫實際成果

　　依據衛生署所提出的專案報告，本試辦計畫，截自 103 年 3 月 21 日（計畫實際截止日為 103 年 12 月 31 日）為止。共受理 171 件次申請案件，所召開之審議會共 13 次，完成初步審定者 137 件申請案件，尚在審定中的有 34 件。審議結果認為，符合救濟要件者，有 116 件，佔全部申請案件的 85%。其中，被救濟人為產婦者，計有 44 件（38%）、為新生兒者有 55 件（47%）、

為胎兒者有 17 件（15%）[1]。計畫進行以來，至 103 年 3 月 21 日為止，總救濟金額為 1 億 1451 萬 1815 元，遠比先期預估的 8 億元或 12 億元為低。

圖表 40　試辦計畫審議案件分佈，作者整理衛福部專案報告資料製作。

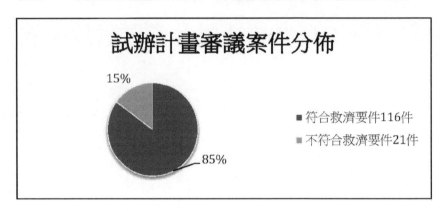

圖表 41　試辦計畫被救濟人類型分佈，作者整理衛福部專案報告資料製作。

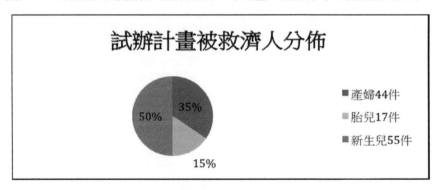

又，在計畫延長辦理後，根據衛福部公布之數據，104 年 5 月 7 日前，本試辦計畫共已接受 276 件申請案，其中已完成 266 案件次（含覆議 12）次，其中符合救濟要件者有 218 件，比例高達 82%，總救濟金額為 2 億 856 萬餘

---

[1] 立法院公報，同第 4 章註 72，頁 2，邱文達專案報告。

元[2]。但因衛福部並未公開延長辦理後補償狀況之詳細資料，本書僅以 103 年 3 月 21 日以前的資料進行分析。

　　為了了解生育事故補償計畫是否真的減少了訴訟案件，本書將比較生育事故補償的案件數與產科訴訟案件數的消長。

　　根據衛福部資料，在 101 年至 103 年，共有 116 件生育事故獲得補償。而產科醫療鑑定案件，在 100 年為 30 件，101 年、102 年相加則為 17 件。

　　根據醫事審議委員會所受理的醫療鑑定案件數統計，產科相關的委託鑑定案件，也從 100 年（未開辦前）的 30 件次，減至 101 年（開辦後）的 7 件次與 102 年的 10 件次，似可看出產科醫療糾紛訴訟，於試辦計畫開始施行後，案件數有顯著降低。

圖表 42　民國 100 年到 102 年產科醫療糾紛鑑定數趨勢圖，作者整理衛福部資料製作

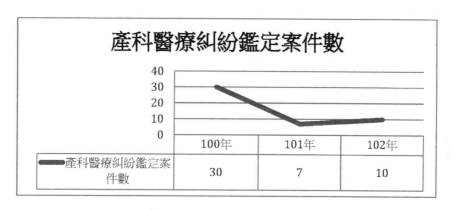

　　利用衛福部醫事司，所提供的醫療糾紛鑑定案件資料進行比對，發現在民國 100 年的醫療鑑定案件總數為 577 件，至 102 年降為 552 件。相較之下，產科醫療糾紛鑑定案件，在兩年間由 30 件減少至 10 件，減少了約 67%，而

---

[2] 衛生福利部新聞稿，「生育事故救濟試辦計畫」成效斐然， 降低產科醫療糾紛，改善執業環境，衛生福利部醫事司，2015 年 5 月 8 日。http://www.mohw.gov.tw/CHT/Ministry/DM2_P.aspx?f_list_no=7&fod_list_no=5312&doc_no=49281 最後瀏覽日期：2015 年 6 月 5 日。

整體醫療糾紛鑑定案件，僅減少 0.05%。

若以臺北市衛生統計資料查詢系統，調閱民國 100 年至 102 年間，臺北市醫療糾紛申訴案件之統計，亦得出婦產科的醫療糾紛申訴案件數，由 100 年的 40 件，降低至 101 年的 25 件及 23 件，案件數亦穩定減少。

學者吳俊穎於 2005 年，針對全臺灣 33,036 位醫師進行抽樣調查，發現發生醫療糾紛後，進入法庭訴訟的比例，從 1991 年的 15.7%增加到 2005 年的 23.1%。也就是每 100 件醫療糾紛，就有 23.1 件進入訴訟[3]。由於目前尚缺乏針對生育事故醫療糾紛進入訴訟的實證資料，因此，本書暫時援引 2005 年研究者分析醫療糾紛走入訴訟之比例，進行推估，在民國 100 年，共有 30 件生育事故訴訟，也代表該年可能有 130 件生育事故醫療糾紛。民國 101 年有 7 件醫療糾紛鑑定數，可估算約有 30 件醫療糾紛；民國 102 年有 10 件鑑定數，推估背後的醫療糾紛約有 43.29 件。生育事故的醫療糾紛顯著降低。因此或可證明，本試辦計畫，有效地減少了潛在的生育事故醫療糾紛。

試辦計畫不只落實救濟金的發放，以及減少產科醫療糾紛、醫療訴訟，衛生署（新制之衛生福利部）在專案報告中也指出，產科醫師自 102 年起，明顯回流。專案報告中指出：「婦產科住院醫師招收情形已有明顯改善,第一年住院醫師招收率由 101 年度72%（34 人/47 人）、102 年度76%（53 人/70 人），增加至 103 年度 94%（66 人/70 人）[4]，成效明顯[5]。」

又根據婦產科醫學會在 104 年 4 月 7 日所公布之數據，104 年度的婦產

---

[3] 吳俊穎等，醫療糾紛民事訴訟時代的來臨──2002 年至 2009 年臺灣醫療訴訟之案件分析，收錄於實證法學：醫療糾紛＆全國性實證研究，頁 80。

[4] 截至婦產科醫學會在 104 年 4 月 7 日止的統計,103 年婦產科住院醫師的招收情形已經由衛福部公布的 66 人降至 59 人。因此值得注意的不只是招募員額，更要關注後續的維持率。資料來源：104 年住院醫師(R1)截至 104/04/07 止招收總數，台灣婦產科醫學會網頁，瀏覽網址：http://www.taog.org.tw/News/content.asp?id=206，最後瀏覽日期：2015 年 6 月 1 日。

[5] 立法院公報，同第 4 章註 72，頁 3。

科住院醫師招收率為 100%（69/69 人）[6]，再添新高。婦產科住院醫師招收率，在未來是否能穩定維持，有待繼續觀察，且住院醫師招收率曾引發係政策操作的質疑[7]，同時，也需考量住院醫師最終完成專科訓練之比例。衛生福利部雖然認為本計畫的推動已收婦產科人力回流之效，然宜進行更深入的觀察，方能了解婦產科醫師人力流動之實際狀況。

圖表 43　婦產科醫師招募百分比，作者整理衛福部資料製作

同時，根據衛福部進行的問卷調查研究也顯示，有 83%的參與試辦計畫的醫療機構，同意本計畫在改善婦產科執業環境、提供孕產婦生育安全保障方面可獲得實質成效。認為有延長辦理之必要者達 87%，認同本計畫之救濟

---

[6] 資料來源：104 年住院醫師(R1)截至 104/04/07 止招收總數，台灣婦產科醫學會網頁，瀏覽網址：http://www.taog.org.tw/News/content.asp?id=206，最後瀏覽日期：2015 年 6 月 1 日。

[7] 「衛福部的做法，就是將每年各專科醫師的訓練容額減少，選不上熱門科別的，自然得去內、外、婦、兒、急五大科。」彰化基督教醫院兒科部主任、醫勞盟常務理事錢建文指出，全臺一年約有一三〇〇名醫學院畢業生，過去全臺各專科醫師訓練容額一直在二五〇〇名左右，畢業生選科系相當自由，一切各憑本事。「醫護回流？衛福部大玩數字遊戲」，新新聞，2014 年 9 月 30 日，http://www.new7.com.tw/NewsView.aspx?i=TXT20140903154848V6G，最後瀏覽日期：2015 年 6 月 5 日。

方式為醫糾爭議案件較佳之解決方案的比例，則高達 97%[8]。台灣婦產科醫學會理事長，亦肯認本計畫之成效，並在試辦計畫期滿之後，爭取延長辦理[9]。台灣婦產科醫學會秘書長，亦指出：「過去許多婦產科醫師遇到生產事故時，雖然是生產本身不可避免的風險所致，卻常常選擇掏錢向產婦家屬私了，否則往往走向司法訴訟；而在衛福部開始試辦該計畫之後，透過適當補償或救濟管道處理，已較減少花錢私了的情形；目前婦產科住院醫師的招收率也達九成以上，婦產科新血大有挹注，顯示生育事故試辦計畫對婦產科醫師人力及執業環境已有正面影響[10]。」

　　本計畫對於改善產科醫師荒、產科醫療執業環境等項目，似乎皆受到婦產科醫學界之肯定。

(二) 現行生育事故補償計畫對受害者之實益：與訴訟之比較

　　對生育事故的受害方來說，所獲得的補償金額多寡，很可能是影響其選擇糾紛解決途徑的方向之一。根據學者分析 2002 年到 2007 年的醫療糾紛判決的賠償金額，發現：「重傷者之平均判賠金額最高（中位數約為 371 萬元），顯著高於死亡者（中位數約為 265 萬元）及傷害者（中位數約為 40 萬元）[11]。」這是因為看護費及喪失或減少勞動能力的考量。從下表中，可以看出，重傷獲得看護費賠償的比例為 59.3%，獲喪失或減少勞動力的賠償比例為 44.4%，都較傷害、死亡等類型的案件為高。

---

[8] 參見衛生福利部公佈之「生育事故救濟試辦計畫成果」說明，公佈日期：2015 年 5 月 7 日，瀏覽網址：http://www.slideshare.net/ROC-MOHW/20150507-47857473 ，最後瀏覽日期：2015 年 5 月 21 日。

[9] 何弘能，台灣婦產科醫學會會訊，第 210 期，頁 4，2014 年 4 月。

[10] 衛福部新聞稿，同第 4 章註 73。

[11] 吳俊穎，同第 2 章註 11，頁 136。

圖表 44　損害程度 v.s.賠償項目表[12] (吳俊穎，2014)

損害程度 v.s. 賠償項目表					
	判賠案件數	最小金額	最大金額	中位數	平均金額	總金額
傷害						
*醫療費	16(53.3%)	2,710	452,231	76,481	131,996	2,111,929
*看護費	2(6.7%)	59,200	715,000	387,150	387,150	774,300
*增加生活所需必要費用	7(23.3%)	285	523,558	92,000	205,734	1,440,139
*喪失或減少勞動能力	4(13.3%)	199,302	2,651,869	1,416,547	1,421,066	5,684,265
*精神慰撫金	30(100%)	1	2,500,000	300,000	500,000	15,000,001
*懲罰性賠償金	1(3.3%)	400,000	400,000	400,000	400,000	400,000
重傷						
*醫療費	8(29.6%)	41,074	893,676	343,244	373,338	2,986,705
*看護費	16(59.3%)	300,000	6,442,500	2,692,730	2,728,160	43,650,568
*增加生活所需必要費用	8(29.6%)	61,250	2,077,132	854,256	990,997	7,927,979
*喪失或減少勞動能力	12(44.4%)	116,000	14,454,874	3,238,676	4,959,599	59,515,190
*精神慰撫金	25(92.6%)	200,000	5,200,000	1,800,000	1,642,000	41,050,000
*懲罰性賠償金	0					
死亡						

---

[12] 吳俊穎，同第 2 章註 15，頁 131。

*醫療費	5(17.9%)	4,162	101,448	90,696	65,963	329,817
*看護費	1(3.6%)	30,900	30,900	30,900	30,900	30,900
*增加生活所需必要費用	2(7.1%)	740	64,900	32,370	32,370	64,740
*殯葬費	22(78.6%)	69,676	704,693	317,700	340,405	7,488,920
*扶養費	18(64.3%)	137,319	1,770,363	674,645	770,278	13,864,998
*喪失或減少勞動能力	1(3.6%)	230,000	230,000	230,000	230,000	230,000
*精神慰撫金	27(96.4%)	600,000	6,000,000	2,000,000	2,437,037	65,800,000
*懲罰性賠償金	0					

　　該研究並指出，在 2002 年到 2007 年間，獲得賠償的訴訟案件中，植物人有 16 件，其中有 11 件賠償金額都超過 500 萬元，而成為多重重度障礙嬰兒的案件則有 2 件，判賠金額皆超過 700 萬元[13]。

　　另一方面，現行生育事故補償計畫，在孕產婦死亡時，最高的補償金額為 200 萬元，然而在重傷以及多重障礙的情形下，最多只會補償 130 萬到 150 萬元。

　　乍看之下，訴訟獲賠的金額或許較多，但還需加入訴訟勝率的考量，以及裁判費的支出，賠償金額的折現率（discounting rates）等。筆者將經實證研究所提出的平均賠償、補償金額，乘以案件勝訴率、通過率，計算出採取兩種途徑之期望值。並依據臺灣民事訴訟法第 77 條之 13[14]、第 77 條之 16[15]的

---

[13] 同前註，頁 136。

[14] 民事訴訟法第 77 條之 13：因財產權而起訴，其訴訟標的之金額或價額在新臺幣十萬元以下部分，徵收一千元；逾十萬元至一百萬元部分，每萬元徵收一百元；逾一百萬元至一千萬元部分，每萬元徵收九十元；逾一千萬元至一億元部分，每萬元徵收八十元；逾一億元至十億元部分，每萬元徵收七十元；逾十億元部分，每萬元徵收六十元；其畸零之數不滿萬元者，以萬元計算。

計算規範，按照訴訟預估的賠償金額，進行第一、二審裁判費的計算。以下計算，僅為特定條件下的參考，並不能適用每一種訴訟情狀，但得以略窺訴訟與補償試辦計畫對原告請求上之差異。

圖表 45　受害方於補償制度與訴訟中獲得金額之期望值，作者製作

受害類型	訴訟				生育事故補償試辦計畫			
	預估賠償金額	勝訴率*	期望值	預計支出裁判費（一審＋二審）	預估賠償金額	案件通過率[16]	期望值	預估支出費用
產婦死亡	265 萬元	25.14%	66.6 萬元	68,087 元	200 萬元	85%	170 萬元	0 元
多重度障礙嬰兒	700 萬元	25.14%	176 萬元	175,750 元	150 萬元	85%	127.5 萬元	0 元
植物人	近 500 萬元	25.14%	125.7 萬元	126,250 元	150 萬元	85%	127.5 萬元	0 元
一般傷害	40 萬元	25.14%	10 萬元	10,750 元	0 元	0%	0 元	0 元

＊勝訴率參考根據黃鈺媖 2004 年之研究所得出的生育事故訴訟勝訴率

　　現行生育事故補償計畫，在孕產婦死亡時，最高的補償金額為 200 萬元，然而在重傷以及多重障礙的情形下，最多只會補償 130 萬到 150 萬元，顯然與實務上的賠償邏輯並不相似，考量到在重傷、多重障礙的情況下，受害人可能需要更長期的照護開銷，也背負更沈重的經濟重擔，或許應調整對於重

---

[15] 民事訴訟法第 77 條之 16：向第二審或第三審法院上訴，依第七十七條之十三及第七十七條之十四規定，加徵裁判費十分之五；發回或發交更審再行上訴者免徵；其依第四百五十二條第二項為移送，經判決後再行上訴者，亦同。

於第二審為訴之變更、追加或依第五十四條規定起訴者，其裁判費之徵收，依前條第三項規定，並準用前項規定徵收之。提起反訴應徵收裁判費者，亦同。

[16] 以衛福部所提出資料，101 年至 103 年，共有 137 件申請案完成審定，其中有 116 件獲得補償，佔 85% 來計算。

傷害事故的補償金額。一方面能夠給予重傷害受害人更完善的保障，一方面也能促使受有重傷害的當事人，選擇使用補償制度，而非走入訴訟。

比較生育事故補償計畫與法院訴訟做出判決的時間，根據「行政院衛生署生育事故救濟基準及作業程序」規定，一旦生育事故救濟的申請人，向審議會提出申請，審議會就必須要在三個月內作出審定，只有在必要的情況，能再延長一個月。但訴訟方面，實證研究顯示，與生育事故相關之裁判，平均至少費時 40.25 個月[17]，長達三年有餘，訴訟所花費的時間是補償制度的十三倍有餘。以即時救濟的角度來說，臺灣的生育事故補償計畫比起一般民刑事訴訟途徑，的確更能達到迅速補償的益處。

圖表 46　生育事故補償計畫與訴訟獲得結果所需月份數比較，作者製作

本書亦嘗試查詢有關同時使用補償計畫與訴訟的案件資料，筆者針對計畫施行的 101 年 1 月 1 日至 103 年 12 月 31 日期間，透過法源法律網判決書查詢系統[18]，勾選查找全臺地方法院之刑事案件，以關鍵字（生育事故爭議）＋（生育事故補償）＋（生育事故救濟）進行查詢，並無查到任何案件，因此目前無觀察到同時申請補償，又採取訴訟途徑之確定判決。

---

[17]　參見黃鈺媖，本書圖表 11。

[18]　法源法律網判決書查詢系統，http://fyjud.lawbank.com.tw.autorpa.lib.nccu.edu.tw/index.aspx，最後瀏覽日期：2015 年 6 月 6 日。

二、臺灣生育事故補償計畫之批評與檢討

由前揭敘述中，雖能了解，臺灣首次推行的生育事故補償試辦計劃尚稱成功。但是仍有許多聲音試圖指出，本計劃尚有能夠改善檢討之處，本節中，將檢討試辦計畫受到挑戰與質疑的幾個重點。

(一) 制度定位不清

現行制度命名為「鼓勵醫療機構辦理生育事故爭議事件試辦計畫」，從字面上，難以理解這是一個針對生育事故所發展的無過失補償計畫。自試辦計畫全名「鼓勵醫療機構辦理生育事故爭議事件試辦計畫」觀之，也只看到「鼓勵」、「醫療機構」等字詞，無法理解到「救濟」的字樣與意涵，甚至連「減少醫療糾紛」之意義，都難以窺知。然而行政院衛生署「鼓勵醫療機構辦理生育事故爭議事件試辦計畫」申請作業須知卻又明確提示，試劃之目的係在於「解決醫療爭議由病人單方承擔醫療不良結果之情形，並紓緩日益增加之醫療爭議事件，改善醫病關係促進社會和諧」

試辦計畫與現行藥害救濟、預防接種受害救濟等制度相比起來，顯然不夠突出與「救濟」受害人的直接相關，因而容易產生認為此制度只是「幫忙醫師發和解金」的誤解。學者質疑：「本計劃由生產的醫療院所或助產機構擔任請求權人後，坊間人士一看就像是在為醫師醫療糾紛解套而已，那裡是在保障生產受害人[19]？」不夠清楚的制度定位，也使得立委與學者在討論計畫內容時，容易失去焦點。實具有改進之必要。

由於定位不清，在經費來源的支應上也有爭議。本計劃之經費來源，為

---

[19] 高添富，探討現行生育事故救濟計畫的請求權人問題，臺灣醫界，第 56 卷第 5 期，頁 44，2013 年 5 月 1 日。

醫療事業發展獎勵辦法所規劃的醫療發展基金所提供，因此所提供的金額必須用在「獎勵」醫療院所之用途，而非救濟受害人。根據「醫療發展基金收支保管及運用辦法」規定，該基金只能支應在「促進醫療事業發展之獎勵」；「提升預防醫學與臨床醫學醫療服務品質及效率之獎勵」；「為均衡醫療資源，辦理山地離島、偏遠地區及其他醫療資源缺乏地區之獎勵」；「管理及總務支出」；「其他有關支出」等五項用途上[20]，救濟生育事故皆不屬之，因此僅能以「獎勵醫療事業發展」的名目發放。

　　立法委員在院會質詢時，便指出以醫療發展基金支應，將產生請求權人限於醫療院所的盲點：「因為它是醫發基金，所以在發生事故的時候必須是有參與的醫院才能夠申請[21]。」亦即，由於醫療發展基金依法僅能作為獎勵醫療機構之用途[22]，以此作為生育事故補償的經費來源，將會產生受害人無法成為請求權人的問題；二來，醫療發展基金經費有限，目前全數由政府支應，主要的收入來自菸捐，據衛福部在立法院詢答的說明，這一筆錢大約有五至六億[23]。立委質疑，如果計劃繼續擴大施行，恐怕不足以利用醫療發展基金支應，衛福部自己也估計，如所有科別的救濟都加起來，一年將近要支出 15 至 20 億元[24]；亦有立委質疑，菸捐是由人民買菸繳納，只專案用於特定對象，亦有牴觸公平正義原則的疑慮[25]。

　　以外國法為例，在美國兩州的制度中，經費來源係由醫師與醫療機構全額籌措，因此應該屬於補償的部分。在日本，經費來源是向產婦先行徵收保費，再事後退回，類似於保險的制度，因此不會有受害人無法成為請求權人的問題。

---

[20] 醫療發展基金收支保管及運用辦法，第 4 條。

[21] 立法院公報，同第 4 章註 72，頁 137，吳宜臻發言。

[22] 醫療發展基金收支保管及運用辦法，第 4 條。

[23] 立法院公報，同第 4 章註 72，頁 118，李偉強發言。

[24] 同前註，頁 121，李偉強發言。

[25] 同前註，頁 119，江惠貞發言。

(二) 請求權人問題

本試辦計畫的請求權人問題,在試辦期間最受到注目與批評。試辦計畫現行的請求權人,為醫療院所,而非生育事故的受害人、家屬或其法定繼承人。救濟金發放流程,是由參與計劃的醫療院所,在與發生事故的產婦家屬方面,先達成和解之後,才向審議會提出申請。這樣的一層設計,使發生事故的產婦家屬,缺乏直接申請救濟金的管道。

有論者便指出:「請求權人峰迴路轉必須依賴評鑑合格的生產醫療院所去申請,而且是受害病人或家屬必須先經過抗爭調解,取得和解金及和解書後,再由生產醫療院所依據此和解書才能去申請救濟……所以變成生產醫療院所才是本計劃的直接被救濟者,而生產風險受害人變成了間接被救濟人[26]。」

請求權人錯置,最大的問題便是讓申請救濟金的病人與家屬更添困難,缺乏直接的窗口與生育事故審議委員會溝通,對於審議結果有疑慮不滿時,更沒有任何管道能夠表達聲音。

現行制度,要求生育事故的受害者,與醫療機構與醫師進行協議,亦非上策,對醫病雙方都極不利益。病方不具備專業知識,在資訊不對等、欠缺第三方公正評斷的情況下,為了得到補償金而簽下協議書,但內心仍然對事故經過充滿問號,更可能完全不知道所協議的金額是否合理。

協議書雖不影響訴訟能力,但卻附有保密條款[27]:「甲、乙雙方同意就本案生育事故不良結果及本協議書內容應保持祕密,協議簽署之後,雙方及其家人不得再對第三人透露,亦不得再傳播有不利甲、乙任一方名譽行為(包括口頭、書面、網路、媒體等傳播);如有違反之一方,應賠償另一方懲罰性違約金新臺幣○○○○萬元整。」此條款使得受害方一旦接受補償金,在簽署協議書後無法再與任何人談論或諮詢案件內容,救濟金的性質反而變成「封

---

[26] 同前註,頁43。

[27] 見附錄三:「鼓勵醫療機構辦理生育事故爭議事件試辦計畫」協議書範本。

口費」，無法再對第三人透露，否則還要違約受罰。病方無權再諮詢其他專業公正人士，縱使得到補償，真相依舊如墮五里霧中。

對醫方來說，尚未釐清過失責任就必須先行簽署協議書，才能替病人申請救濟。醫方在簽署之時，或許自認無過失，但卻仍必須同意簽署「就生育不良結果給予補償」，之後該補償金額卻遭到審議會裁定不補助、不足額補助，宛如「未審先賠」，吃了悶虧。恐怕降低醫師協助病患申請補償的意願。

在美國、日本與瑞典的經驗，雖然也是由醫師或醫療機構協助病人申請補償金，但從來沒有必須與病人事先達成補償協議的要求。在調解時欠缺來自第三方的公正聲音，讓醫師需要自行協議，解釋自己並無過失，仍受壓力。也讓病人十分擔憂自己會在知識不對等的情況下，答應了較差的條件。醫病關係仍然是對立而非合作。同時，也可能使事故受害人無法理解救濟的用意，誤認醫師能申請補助，不必出錢。

與臺灣比較相近的風險救濟制度比較，如藥害救濟法第 12 條[28]、預防接種受害救濟基金徵收及審議辦法第 8 條[29]等。亦規範請求權人為受害人、受害人之法定代理人或受害人之法定繼承人，中間無須與醫療院所達成協議，也不必透過醫療院所才能申請救濟，相較之下似乎更為便捷合理。

(三) 救濟範圍問題

試辦計畫的救濟範圍，也引起婦女團體與立委們密切討論。目前生育事故救濟金的發放，僅限於在有參與計劃的醫療院所，發生生育事故的婦女與新生兒。不包含在送醫途中或轉診途中發生的生育事故，因此有立委質疑[30]若

---

[28] 藥害救濟法，第 12 條第一項：「藥害救濟之請求權人如下：一、死亡給付：受害人之法定繼承人。二、障礙給付或嚴重疾病給付：受害人本人或其法定代理人。」

[29] 預防接種受害救濟基金徵收及審議辦法，第 8 條。

[30] 「申請者為醫院只會強化醫病關係的不對等，甚至於成為威脅產婦不得提告的手段，損害產婦請求賠償的權利。另一方面，也無法涵蓋未到醫院或被醫院拒收於轉診路上，發生生產事故的婦女。這將會是一個非常荒謬的情形，一個保障婦女生育權益的試辦計畫，同樣是生產風險卻產生給付差異化。特別是偏鄉婦女，可能因為生產在即，但鄰近的醫院沒有產科，可能在路途中，或是沒

在沒有參與計劃的醫療院所生產,或未前往醫院生產的產婦,一旦發生生育事故,難以獲得救濟,特別是在醫療資院缺乏的偏遠地區,偏鄉婦女的權益更加無法獲得保障。

有婦女團體代表也指出:「婦女在急診的狀況之下,在沒有參與的醫院裡面生產,發生事故她不會得到賠償;或者是偏鄉的婦女為了到城市去生產,因為趕不及在路上出事了,她也不會得到賠償。所以這個國家政策對女性就形成了一種差別待遇,沒有一個公平的原則。……所以要確定基金的來源不是來自於醫發基金,讓婦女變成一個保障的主體而不是醫院,我想這是非常重要的[31]。」由立委於 101 年提案的「生產風險補償條例」草案[32],也期待將適用對象的範圍擴大,使所有的孕婦都包含在內。

然而本書以為,現行計畫最主要的目的,仍在於解決醫療糾紛過多,造成產科醫療人力流失的情形。因此在經費有限的情況下,補償應該針對發生在醫療院所中的生育事故優先實施。若擴及所有發生生育事故的個案,則使本計畫轉往社會救助的制度發展,與計畫最初設立的目的,顯然不同。再者受害人若不是在醫療院所發生生育事故,又該如何蒐集事故發生原因,篩選出符合補助條件的個案?若未來期待醫方提供經費,以此經費救濟發生在醫療院所之外的生育事故,恐怕既無助於減少醫療糾紛,亦有公平疑慮。

若討論本計畫在救濟範圍上的瑕疵,本書反而以為,應考慮修改作業須知中「對於生育事故明顯可完全歸責於機構或病方者」不予救濟之排除條件。在多數的醫療事故無論過失補償制度中,一旦傷害發生,審議會僅需確認該受害結果與醫療行為有因果關係,病人就能依循「無論過失補償制度」,迅速得到補償金。如此比控告醫方所必須負擔的時間、金錢壓力相較,更平和而

有產科的醫院緊急幫忙接生,卻因為沒有參與這項試辦計畫,而無法申請該項補償。」同第 4 章註 72,林淑芬書面質詢,頁 163。

[31] 立法院公報,同第 4 章註 72,頁 136,黃淑英發言。

[32] 生產風險補償條例草案,院總第 1353 號,委員提案第 13937 號。立法院第 8 屆第 2 會期第 3 次會議議案關係文書,2012 年 10 月 3 日。

有效率，亦可達到減少醫療糾紛的效果。現行制度下，如果審議會認為生育事故發生原因，應明顯完全歸責於醫方，則不予補償，反而使這一處境下的受害人，必須獨自面對漫長的訴訟程序，負擔舉證責任。

因此本書建議，無論是否可歸責於醫療機構，皆應於第一時間發給生育事故受害方補償金，而未來主管機關則再透過「代位求償」的方式，向有故意或重大過失之醫療提供者，請求賠償。如此方能更落實即時填補損害的無過失補償制度精神。

(四) 未明確規範補償後又訴訟的問題

在現行的試辦計畫中，並沒有明確規範在領取救濟金後，又進行訴訟的應對方式。生育事故補償協議，在現況下並不具有訴訟上和解之效力。縱然醫病雙方簽署了協議書並給予補償，但並不會影響受害方的訴訟權。因此在未來可能會有病方同時使用補償制度，並且控告醫師的情形。

立委在院會時就曾質疑，若這樣的情形發生，醫師被判決有罪時，是否就要將已經領取的「獎勵金」退回？實際上追討的形式又該如何操作？又或者醫方在民事上敗訴，法官裁判醫方賠償。是否會發生病人可以領取救濟金又領取賠償金的情形？而當醫方勝訴，完全不必賠償的時候，又是否有權拒絕履行已簽署的「協議書」補償內容？一旦病人勝訴，法官判決之賠償，是否應該扣除已領取的生育事故救濟金部分，以避免雙重得利情形？以上問題在現行制度中，都欠缺詳細規。

此外，此份協議書在法庭上，又是否有可能被視為病人同意和解的證明？或醫師自認有過失的證明？根據 20 年上字第 1586 號判例要旨[33]，當事人在審判外之和解，除實際上當事人應受拘束外，在訴訟上並無效力，故若關於其內容有爭執，仍可起訴。建議應將此判例之內涵明文顯示於協議書中，以免產生誤解。。

---

[33] 20 年上字 1586 號判例。要旨：「審判外之和解，除實際上當事人應受拘束外，在訴訟上並無何種效力，不生一事再理之問題，故關於其內容有所爭執，當然可以再行起訴。」

　　救濟與訴訟並用的案件，在臺灣現行的救濟制度中亦有先例。以本書檢索到的臺北地院 93 年度醫字第 28 號判決為例，原告在申請藥害救濟後，又提起民事訴訟。並主張該案已獲得藥害救濟審議補償，所以可證明醫方疏失。但判決書則以：

　　　原告提出一份由原告張詠甯向財團法人藥害基金會申請審議之回
　　　函，惟該函內記載：「藥害救濟審議結果僅作為判定救濟與否之依
　　　據，與醫療過失之判定無關，不作為醫療糾紛、訴訟等非藥害救濟
　　　目的之使用」，是亦難作為認定被告丁○○有醫療過失責任之依據[34]。

而不採此觀點。

　　依此類推，實務上應不可依憑生育事故補償協議書的簽署，或是獲得補償之結果，做為醫療過失責任有無的認定。而對於受害方可能重複領取救濟金與法院裁判賠償金之情形，宜參考藥害救濟法第 17 條[35]之規定，基於同一事實所領取其他給付時，應在取得的賠償或補償範圍內，將所領取之救濟金返還，以避免雙重得利的情形發生。

(五) 協議與補償不應混用

　　自各國醫療事故補償制度觀之，要求醫病雙方先行協議補償金額，才由審議會審議核發多少的臺灣制度，實為前所未聞，且使人疑慮叢生。

　　將談判與補償合併一體，有違補償制度的精神。並且生育事故受害人得到的補償金額並不固定，對受害人來說，他們欠缺醫療專業知識及證據調查能力，本來就不知道該如何談判；對醫方來說，對於部分自認無過失案件，為何還需要協議給錢？最後如果救濟金沒有發放下來，還必須自掏腰包，殊

---

[34] 臺灣臺北地方法院民事判決，93 年度醫字第 28 號。

[35] 藥害救濟法第 17 條：已領取藥害救濟給付而基於同一原因事實取得其他賠償或補償者，於取得賠償或補償之範圍內，應返還其領取之藥害救濟給付。

屬無理。這也造成了醫病雙方諜對諜的計算，無法站在同一個利害觀點進行討論。此外協議、調解等程序先行，也不符合補償制度的目的與精神，無助於跳過責任追究，即時補償受害方之損失[36]。因此應該移除「協議」的部分，直接由醫方協助受害方向所屬機關申請補償即可。

三、臺灣現行生育事故補償計畫之法制化建議

在生育事故試辦計畫施行的專案報告中，最受到討論的，係為本試辦計畫該如何延續的問題。三年期的試辦計畫已於民國 103 年屆滿，並且繼續延長三年。就在經過第一期三年的檢討，目前生育事故補償計畫的法制化可能，主要有以下幾種意見。

(一) 試辦計畫與醫療糾紛處理及醫療事故補償法草案

本計畫在一開始定位為「醫療糾紛處理及醫療事故補償法」的先導型計畫，且施行已見成效。因此，衛福部希望在未來，將試辦計畫回歸至醫糾法之體系中。

行政院版的醫糾法草案，第 51 條即規定：「為促進女性生產健康及安全之生產環境，就本法所定醫療事故補償，政府如採分階段辦理時，生產風險有關類型及項目，應優先實施[37]。」本條確認了將來生產風險相關的醫療事故補償，與醫糾法接軌時，仍具有優先的地位。衛福部進而表示，若將生育事故處理納入醫糾，可以審議的範圍將會更廣。例如對於早產兒及嬰兒的養護天數，由 7 天增加到 30 天。同時對受害程度的救濟也加以擴張，不只救濟

---

[36] 張婷，行政院版本醫療糾紛處理及醫療事故補償法（草案）之評析與建議，醫事法學，20 卷 1 期，頁 28。

[37] 行政院版醫療糾紛處理及醫療事故補償法草案第 51 條。

死亡及中重度傷害，也及於輕度傷害的部分[38]。

　　有立委質疑，生產與看病的性質與風險並不相似，不應納入醫糾法範圍。另有立委則從是否究責的方面，討論生產風險事故補償和醫療糾紛補償在基本精神上的差異：

> 　　關於醫療糾紛的條文，第三條有關醫療糾紛和醫療事故定義的規定，很明顯是採究責的概念，也就是經由因果關係認定事件該由誰負責，儘量避免事件進入訴訟而是透過調解、調處或其他補償方式，以減低對醫師和病人的傷害，同時也避免醫生因退卻而採取防禦性的醫療，這是訂定醫療糾紛處理辦法的主要精神。生產風險補償條例草案的精神比較不一樣，今天衛福部的報告中也提到有很多事件的發生是在產程中無法預期的，也是現代醫學無法克服的，其風險不應該由醫師、女人或家屬承擔，所以我們希望處理生產風險事故補償的基本精神和醫療糾紛的精神有所區隔[39]。

　　衛福部表示，雖然生產風險與看病風險有所不同，但此差異可以透過立法設計解決，如醫糾法草案第 3 條與第 51 條，皆已列出差異。若適用醫糾法草案，理論上生育事故補償的經費來源將由「醫療事故補償基金」[40]支應，原本應包含部分醫療機構與醫事人員繳納的醫療風險分擔金。

　　然而，衛福部在 2015 年 5 月的新聞稿[41]中，卻透露欲在醫糾法草案新增：「生產風險事故基金應以政府預算撥充之」之規定，可見衛福部版本的生育

---

[38] 立法院公報，同第 4 章註 72，頁 125，李偉強發言。

[39] 立法院公報，同第 4 章註 72，頁 135，吳宜臻發言。

[40] 行政院版醫療糾紛處理及醫療事故補償法草案，第 26 條。

[41] 「衛福部廣納綜合各界意見，提出 11 項醫糾法草案建議 免除醫病雙方訴訟負擔」，衛生福利部網站，2015 年 5 月 16 日，http://www.mohw.gov.tw/cht/Ministry/DM2_P.aspx?f_list_no=7&fod_list_no=5312&doc_no=49344，最後瀏覽日期：2015 年 5 月 30 日。

事故之補償制度，已經不需由醫方負擔任何基金，因而生育事故補償在衛福部所預期之走向，將更具有社會救助之特性，由國家提撥經費，給予生育事故受害方救濟。本書雖認同生育事故之救濟有其公益性，以社會救助模式救濟之亦屬合理，然而這樣的特性與整部醫糾法草案之中，摻雜著醫病調解協商、由醫方分擔部分風險的走向，似乎欠缺法理的一致性。

(二) 試辦計畫與生產風險補償條例草案

除了併入醫糾法的選項，也有立委特別強調生產與生病的不同，認為有立專法處理的必要。生產較生病而言，的確在過失歸責上更難區分，受害結果也通常十分嚴重。國家政策上鼓勵產婦生產，產婦卻又因生產提高了生命健康的風險，因此一旦發生生育事故，在經費不足的情況下，的確比其他醫療事故更值得優先補償。

基於此精神，有立委提出了生產風險補償條例草案[42]，作為替代的方案。該方案的目的，係將生產風險補償與醫糾法這兩個項目分別立法。該立委說明：「針對醫界和藥界，政府當時可以從藥害救濟基金發展出另外一個預防接種的受害救濟基金，這是因為我們看到了它的基本精神是不一樣的，背後保護的部分也不一樣，如果在藥害和預防接種疫苗的概念裡面可行的話，我想生產風險補償基金和醫療事故補償的基金絕對可以是兩個不同的存在[43]。」

婦女團體界認為生產與生病的內涵不同，且生產安全與國家發展有密切關係，所應適用的究責體系亦有差異，是以支持另立「生產風險補償條例」草案作為發展方向。然而本書認為，生產風險補償條例草案的出發點雖佳，卻有兩個主要問題，第一，依照草案第三條的生產風險定義，過於籠統，包含未在醫療院所發生的生育事故，在實際案件補償上，恐怕有補償範圍過寬、補償金額不足之處，更有道德風險的可能。其次，基金徵集來源似嫌空泛，

---

[42] 生產風險補償條例草案，院總第 1353 號，委員提案第 13937 號。立法院第 8 屆第 2 會期第 3 次會議議案關係文書，2012 年 10 月 3 日。

[43] 立法院公報，同第 4 章註 72，頁 137，吳宜臻發言。

依據草案第十一條規定，來源係來自政府編列預算、公益彩券盈餘、菸品健康福利捐、提供接生服務之醫療院所徵集[44]等，項目繁多，但缺乏專款專用之穩定性，因此在政府社會福利財源日益窘迫之趨勢下，是否能夠落實補償生育事故受害人之目的，頗值商榷。更遑論按照該草案的補償條件，遠遠較現行試辦計畫的補償範圍來得寬鬆，相關資金恐怕難以支應龐大的補償案件數。

　　總結而言，在制度發展的方面，衛福部較希望列入醫糾法合併辦理，肯定此法具分散風險的好處。婦產科醫學界則認為應該有一個立法固定的基金來源，就不需要擔心醫發基金是否會短缺無法支應，同時也認為醫界負擔額度不宜過重。另有立委則提出「生產風險補償條例」草案，期待以專案立法方式解決。

　　下表，將比較現行試辦計畫與醫糾法草案、生產補償條例草案，以及前揭已施行的藥害救濟制度與預防接種受害救濟制度，以供參考。

---

[44] 草案之立法說明描述，對於醫療院所的基金徵集，將自條例施行的五年後開始。生產風險補償條例草案，院總第 1353 號，委員提案第 13937 號。立法院第 8 屆第 2 會期第 3 次會議議案關係文書，2012 年 10 月 3 日。

圖表 47　生育事故補償試辦計畫與臺灣相關救濟制度比較表，作者製作

	藥害救濟制度	預防接種受害救濟制度	生育事故試辦計畫	醫糾法草案	生產風險補償條例草案
補償範圍	用藥受害	預防接種受害	生育事故	醫療事故	生育事故
經費來源	主要為藥商徵收金	主要為疫苗製造與輸入商	政府提撥	政府與醫療機構且生產風險事故補償由政府預算撥充 (2015.5)	政府與醫療機構
補償請求權人	受害方	受害方	醫療院所	受害方	受害方
是否補償醫療錯誤	理論上否	是	否	否	是
是否補償醫療不幸	是	是	是	是	是
是否可提起訴訟	是	是	是	需調解先行	是
死亡最高給付	200萬元	600萬元	200萬元	另行規定	另行規定
重傷最高給付	200萬元	600萬元	150萬元	另行規定	另行規定

四、臺灣試辦計畫與外國生育事故之比較

　　本節將探討臺灣的生育事故補償試辦計畫，與其他國家的類似制度之異同，以此歸納出屬於臺灣試辦計畫之特色。

　　前揭所介紹的瑞典與紐西蘭之無過失醫療補償制度，雖有包含生育事故之補償，但兩國的補償並不是獨立使用專法執行，而是利用醫療補償法和意外補償法，就所有的醫療事故進行補償。此外，瑞典與紐西蘭在推行計畫時，並沒有受到醫療糾紛增加的困擾，而是出於期待對受害方提供更完善補償的動機，推行補償制度。因此與臺灣現行的計畫施行經驗，較不類似。因此本節的比較，主要先以美國兩州的「新生兒腦部傷害無過失補償制度」及日本的「產科醫療補償制度」，作為制度比較之基礎。再於後續補充瑞典及紐西蘭制度的經驗評析。

(一) 制度內容比較

　　美國維吉尼亞州與佛羅里達州，相繼於 1987、1988 年，使用補償方式解決產科醫師保費過高，產科醫師紛紛出走的問題。其補償方式為，由產科醫師與醫療機構集資，當特定的生育事故——「新生兒腦性麻痺」發生時，便由該筆經費給予補償。此方案在美國兩州實施了三十餘年，實證顯示具有減少醫療訴訟，降低醫師保費的效果。

　　在日本，從 2009 年開始實施「產科醫療補償制度」，由每位產婦在生產時繳交三萬日圓作為醫療保險，若發生「新生兒腦性麻痺」的情況，則可以在未來的每一年都得到保險金給付，減輕照顧腦性麻痺兒的沈重負擔。計劃實施後，人民的反應良好，在 2011 年時還因為經費充足而降低保費。

　　於臺灣，則是從 2012 年開始實施我們的生育事故補償計畫，稱為「鼓勵醫療生育事故爭議事件」試辦計畫。這是一個三年期的試辦計畫，也是臺灣第一個無過失的醫療事故補償制度。經實證研究證明，試辦計畫成效亦佳：該制度給予了生育事故受害方迅速與充分的補償，也成功降低了生育事故引起的醫療訴訟，衛福部資料顯示婦產科醫師人數回流，前景看好。目前本計畫也繼續延長，並且擴及到麻醉相關的補償計畫。

　　經過對以上制度的比較，爰將美國維吉尼州與日本制度的發展，以及臺灣生育事故補償試辦計畫的異同，呈現如下表：

圖表 48　臺灣計畫與美國維吉尼亞州、日本之生育事故補償制度比較，作者製作

比較地區	臺灣	日本	美國維吉尼亞州
規範名稱	鼓勵醫療機構辦理生育事故爭議事件試辦計畫申請作業須知	產科醫療補償制度	新生兒腦部傷害無過失補償制度
成立時間	2012	2009	1987
補償條件	孕產婦或胎兒、新生兒死亡或有中度以上障礙	新生兒腦性麻痺，達到一至二級重症標準	因生產所導致，缺氧或機械性的傷害，使胎兒陷入永久性障礙

比較地區	臺灣	日本	美國維吉尼亞州
補償金額	最高 200 萬臺幣	最高 3000 萬日圓	平均 94,400 美金
法律追訴	仍可追訴	仍可追訴	如補償請求被拒絕才可追訴
經費來源	醫療發展基金（國家稅捐盈餘）	政府、孕婦（可領回）	醫師或醫院自願性加入該制度，按年支付一定款項或在維州執業的醫師等

(二) 制度起源比較

以制度起源觀之，臺灣生育事故補償計畫的起源，係源於「醫師荒」、「醫師出走」等因素，主要原因為醫師因訴訟過多而引起反彈，進而帶來全體人民醫療品質下滑危機。而美國、日本則同樣因為醫療糾紛過多而研擬補償制度，在動機起源上，與臺灣相仿，美國與日本的經驗可能對臺灣來說更具參考價值。

然而，臺灣與美國、日本經驗不同的是，並沒有普及的醫療過失賠償保險。臺灣醫師投保保險的比例極低，並且就算投保，也必定要經過判決確定後保險公司才予理賠，不允許私下和解。因此臺灣現行的醫療過失賠償保險，對於降低醫療糾紛訴訟的數量，似乎沒有幫助。

美國、日本自保險理賠的經驗中，歸納出新生兒腦性麻痺會是理賠額最高的一項生育事故，因此立法給予補償。而臺灣則是在前揭的實證研究爭看出，病人家屬對於死亡的狀況，特別容易提起訴訟，甚至又基於「得到說明」或「以刑逼民」的動機，提起刑事的告訴，帶給醫方極大壓力。因此，臺灣生育事故補償計畫的的動機，雖然與美、日都是為了減少醫療訴訟，但就補償目的觀之，並不是為了降低醫療過失賠償的保費，而是為了減少醫方受到法律追訴的可能。

以制度救濟範圍相較之，將會發現臺灣計畫比美國、日本的產科醫療補償制度，所涵蓋的範圍更大，不以腦神經損傷為限。美國、日本等國雖然很

早就有了生育事故無過失補償制度，但是補償範圍極為限縮，僅限於「新生兒腦性麻痺」一項。然而臺灣的生育事故補償計畫，甫自推出之時，便涵蓋了產婦、胎兒與新生兒的死傷事故，補償範圍相對全面。特別值得關注的是，臺灣乃是三種規範中，唯一以補償死亡為重心之規範。不只產婦、胎兒、新生兒之死亡皆給予補償，並且死亡也能獲得最高額的補償金。

本書認為，原因可能在於美國、日本在保險理賠時，支出在新生兒腦性麻痺的經費最高。而臺灣的醫療過失賠償保險體系尚不普及。而訴訟上，醫師又往往易受刑法相逼，尤其以產婦死亡的案例受到最多的訴訟壓力，並引起婦女團體的強力關注。因此臺灣的制度才會將產婦的死亡、重傷納入補償系統。

臺灣生育事故補償計畫，從源起到制度施行，都有婦女團體的支持聲音。於立法院會的質詢上，也會發現立委特別關注女性生產的風險，以及該制度是否充分保護到女性等討論。因此訴訟的型態影響，及婦女團體的倡議，亦可能是影響臺灣的制度相較於日本與美國，對婦女有更周全保障原因。

(三) 經費支出比較

此外，美國與日本，都相當重視重度腦性麻痺在未來照顧上的經費支出，給予相對高額的救濟金。美國佛羅里達州的新生兒腦性麻痺補償制度，對於符合補償條件的申請案，給予平均 94,400 美金（約臺幣 280 萬元）的補償，日本最高則給予 3000 萬日圓（約臺幣 780 萬元）的補償。但是同樣個案若以臺灣制度進行救濟，最高將只能得到 150 萬元的救濟金，似乎難以支撐漫長的照護費用。

另一方面，也必須考量到補償制度和該國其他政策施行上的互動性。如美國醫師能夠調漲其執行醫療業務的價碼，將所繳納的高額保費反映在醫療服務上，而臺灣醫師受限於全民健保制度，卻無法調漲醫療費用。

本書在比較後發現，美國兩州的生育事故補償經驗，是在所比較的以上制度當中，唯一由當地婦產科醫學會與醫師，自行出資作為補償經驗的制度。

而補償的範圍不討論醫方過失與否，都有給予救濟。在醫方發生醫療過失時，能被該制度補償的情況下，本書以為和現行生育事故試辦計畫，與醫糾法草案未來的規劃相比，更能吸引醫方提供補償經費。

其二，美國的醫師之所以願意出錢，可能係因他們可以自由定價自己的醫療服務，因此這些增加的費用，事實上仍轉嫁給醫療的使用者身上。但臺灣的健保類似公醫制度，卻沒有這樣的自由。臺灣的醫療價格決定者並非醫師或醫療機構，而係全民健康保險局，曾有論者以為，在醫師與醫療機構並無權利決定報酬數額的情況下，由能掌握全民健保給付的全民健康保險局，作為分擔醫療事故風險的樞紐機構，似乎較為合理[45]。受僱於醫療院所之醫療人員，尤其是整個醫療體系中之弱勢，對於醫療服務定價毫無決定權。因此，即便未來醫糾法草案的規劃，期待由醫療機構負擔部分經費，仍應謹慎避免將該支出轉嫁自個別醫療人員身上，以免不但無助於化解醫病對立，反而引起更多仇視與反彈。

日本產科醫療補償制度的啟示，亦可使吾人思考，為何在日本行之有年的醫療賠償保險，仍無法有效解決醫療訴訟的發生、減少醫療糾紛，導致日本社會亦飽受醫療崩壞所苦。方才於醫療賠償保險制度之外，又追加了產科醫療補償制度。此經驗在臺灣考慮推行醫療賠償保險及醫療無過失補償制度時，亦可作為借鏡。

日本在經費來源上，善用出生人口多的優勢，每一位產婦事前僅需額外繳納些微費用，便能在生產過程獲得保障，且再利用地方政府的生育津貼將該費用全額退還，福利十分完善，又能藉此反映每年不同生產人數之浮動，不必編列不確定的預算，兼具有多重優點，頗值得效法。

(四) 綜合評析

回顧前揭介紹的瑞典的制度，由政府出資，全面給予醫療事故補償的，

---

[45] 黃茂榮，債法總論(二)，頁 169，2010 年 9 月。

此制度較難為臺灣立即採用。因為瑞典身為社會福利國家，擁有充足的稅收
進行醫療事故的補償，並且也有完善的社會扶助照護系統，支持醫療事故補
償所不足的部分。

　　然而瑞典制度相當值得參考的一點，則是在於它並不用法律處罰醫師的
醫療過失行為，因此醫師更能安心坦承自己的錯誤，進行醫療錯誤回報，並
且與病人站在同一線申請補償。在瑞典經驗中，可以發現雖未限制病人的訴
訟權，但病人鮮少提起醫療糾紛訴訟，多選擇採取申請醫療事故補償的方式。

　　自紐西蘭的經驗中，筆者可以看見紐西蘭在醫療過失認定上的邏輯思
考，從補償無過失到有過失，最後又回到無論過失的補償演進，在在說明了
醫療事故過失認定的複雜之處。紐西蘭制度與瑞典制度差異最大之處，在於
其原則上不允許意外受害方提起訴訟，除非該傷害屬於惡意或欺詐等類型。
採取此法，在減少醫療糾紛的目的上自然有立竿見影的效果，也受到國內許
多醫界人士的歡迎。但如此一來，卻限制了民眾提起訴訟的基本權益，因此
在政策決定上仍需謹慎考慮。

　　紐西蘭制度的另一優點是，不只提供金錢的協助，還提供了社會資源與
心理支持。本書以為這很可能是遭逢生育事故的家庭，非常需要的一塊。因
為一個原本要快樂迎接新生命的家庭，突然間失去了母親、女兒與孩子，都
是非常嚴重的打擊，如果能給予更多關懷，或許比起單純金錢補償，能帶給
他們更有效的幫助。

　　於下表中，將呈現臺灣試辦計畫與上述所提及之外國醫療無過失補償制
度之比較，以作為制度比較之總結。

圖表 49　臺灣試辦計畫與外國醫療無過失補償制度之比較，作者製作

	瑞典	紐西蘭	佛羅里達州	日本	台灣
時間	1975	1974	1987	2009	2012
經費來源	政府	政府	醫療機構與醫生	產婦(政府)	政府
補償範圍	醫療傷害	意外傷害	新生兒腦性麻痺	新生兒腦性麻痺	遭逢生育事故之產婦、胎兒、新生兒
補償請求權人	受害方	受害方	受害方	受害方	醫療院所
是否補償醫療錯誤	是	是	是	是	否
是否補償醫療不幸	否	是(2005年起)	是	是	是
是否可提起訴訟	是	原則上否	原則上否	是	是

第六章　結論

　　本研究之緣起，係出自於筆者對於臺灣出現醫療崩壞、防衛醫療、產科醫師荒、產科醫師出走等現象的關心，以及對於遭逢生育事故之受害人難以得到補償的同情，因此在所有醫療糾紛問題中，選擇以產科醫療事故，也就是生育事故，做為研究主題。

　　然而現行訴訟制度，無法妥善解決生育事故醫療糾紛，反而帶來了醫師防禦性醫療、產科醫師荒的負面結果。在因果關係認定困難，過失責任難以分配的情況下，亦使生育事故的受害方耗費大量時間金錢，仍難以透過訴訟獲得補償。

　　經過研究後，本書認同生育事故補償試辦計畫在目前已有顯著成效，並有繼續推行之必要。且基於生育自然風險高；對女性健康安全影響甚鉅；生育對於國家人口成長有正面影響等特點，因生育而伴隨的風險，更不適合由孕產婦及其家屬獨自承擔。因此在所有的醫療事故之中，尤因以補償制度的方式分散醫病雙方承受生育事故之風險。

一、經費來源可參考日本產科醫療補償制度的徵集方式

　　巧婦難為無米之炊，救濟金的經費來源，始終是補償制度爭論的重點。從現今試辦計畫的經費來源，係由政府提撥。以及衛福部醫糾法草案的研議上，亦提出由政府預算全額撥充之規定觀之。臺灣的生育事故補償模式，似乎帶有明顯的社會救助特質。然而，政府的社會福利預算可能隨著不同因素

而每年浮動，因而影響補償金經費來源的穩定性。

因此，本書建議，亦可成立具有社會救助性質的生育事故補償保險，參考日本產科醫療補償制度中，由產婦在產檢時先繳納保險金的方式，此保險金也可以直接由臺灣政府預算支付，以免增添弱勢孕產婦的經濟負擔。透過保險進行生育事故補償的好處，其一是能夠專款專用，確保每年都能有固定一筆基金用於生育事故補償的支出。其二是能彈性反映當年的生育人口數。在臺灣，少子化的趨勢、不同生肖年的影響，都影響著每一年的出生人口。出生人口增加的年份，能收到較多保費，生育事故預估發生數也較高；出生人口較低的年份，收取到較少的保費，生育事故案件數也相對較少。因此，以產婦為單位來收取保費，將能更貼切反映當年生育事故補償的需求。

本書試算，依據 101 年 1 月 1 日計畫開始施行到 103 年 3 月為止，長達 2.25 年的期間，共花費 114,511,815 元估算之，每年平均花費應在 50,894,140 元左右。根據 103 年主計處公佈之出生人口，共有 211,399 人相除計算，平均每人次僅需負擔 240 元，便足以支應該年度的生育事故救濟案件之補償。就算假設補償範圍擴張，提高重傷害的補償額度，可能使一年的開銷增加至 6 千萬元，每人次的負擔額也僅增加至 284 元。由於衛福部目前尚未公布，所救濟的案件中死亡、重度傷殘、中度傷殘的比例分佈，因此難以更詳盡的估算。但考量存款所衍生之利息，以及重傷害若採分期撥付時，可減輕基金一次支付鉅額補償金的壓力，採取保險方式徵集基金，在經費運用上應能有刃有餘。

二、重傷的補償額度應提高，並採分期撥付方式

因生育事故而致重傷的婦女與嬰孩，不但自身飽受其苦，對於其照顧者與照顧家庭來說，更是一項艱辛且沈重的重擔。現行制度中重傷最高只給予一百五十萬元的補償，似乎不足以支應漫長的照護過程。另一方面，以植物

人的案例為例，病人若循訴訟管道而勝訴，平均可獲賠六百萬臺幣，縱使加入勝訴率計算，期望值亦較採取試辦計畫補償為高，因此對於減少該類醫療訴訟之成效，可能不高。

　　因此在情況允許之下，應調整重傷救濟金之給付額度，至少與死亡案件同一給付標準，如臺灣的藥害救濟、預防接種救濟制度，重傷給付的最高額度都與死亡案件相同。

　　在給付方式上，則適合參考日本產科醫療補償制度的方式，設定期限，分期逐年給付。如此一來，救濟基金年度支出的壓力較小，並也能長期在經濟上支持救濟個案。一次領取全部的救濟金，對於需要照料生育事故重傷殘的家庭來說，其有可能因不善理財或意外事件而將該筆救濟金迅速消耗殆盡，無法確保能將專款運用於重傷殘病人的照護之上。因此採取分期逐年給付之方式，並與社會福利機構配合，提供輔具、看護、定期追蹤、心理輔導等資源，共同關懷與協助。應能更充分協助重傷的生育事故受害人，並且有效減少其採取訴訟之誘因。

三、計畫未來發展，宜採取專案立法之方式

　　現行試辦計畫，因法律位階不明確，有財源缺乏穩定基礎、規章細則未臻完備之隱憂。有鑑於行政院「醫療糾紛處理與醫療事故補償法」草案仍在研議階段，故本書認為在現行試辦已有成效基礎上，採取專案立法，將是較佳的措施。然而立委所提案的生育風險補償條例草案，有前揭補償範圍過大與資金來源不穩定之問題，故本書建議，宜在現行試辦計畫的基礎上，做以上之修改。並且宜務必改善前述請求權人錯置、調解協議與補償不當混用、制度定位不清等問題。

　　在未來數年，也值得繼續進行追蹤生育事故訴訟與補償案件的實證數據，以及產科醫師與產科診所的成長情形，以明白此計畫在後續之施行成效。

四、理想的生育事故補償制度藍圖

本書最後，總結本研究中對於生育事故補償試辦計畫所提出之修正建議，初步勾勒出一個適用於臺灣的生育事故補償制度藍圖，呈現如下：

圖表 50　理想的生育事故補償制度藍圖，作者製作

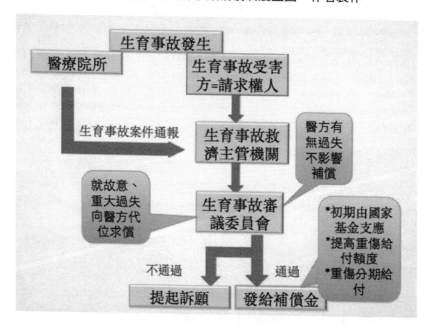

理想的生育事故補償制度藍圖，與現行的藥害救濟制度、預防接種受害救濟制度一般，請求權人皆由受害人本人、受害人之法定代理人或法定繼承人擔任之。

請求權人向主管生育事故救濟的機關提出申請後，生育事故審議委員會便應於九十天內做出決議。決議僅審議申請案是否符合生育事故救濟之條件，而不已醫方有無過失作為核發補償的標準。如決議為核發補償，補償金

直接撥與請求權人，不需透過醫療機構。在決議不通過的情形，也可以由請求權人提起訴願，表達意見。

當請求權人同時就生育事故受害的結果，同時提起損害賠償訴訟與補償金申請時，若有獲得賠償金，則應就賠償金所獲得的額度將補償金返還，以避免雙重得利之情形。

醫療院所則應負擔通報「生育事故案件」之責任，使已發生的生育事故案件能接受分析與研究，進而提出改進與提升生育安全之對策。

綜而言之，筆者肯定臺灣的生育事故補償計畫的推動，具有合理分散風險、風險共同承擔之政策使命。在實際成果上，亦效降低醫療糾紛，並給予生育事故受害方適當補償。且基本上獲得婦女團體、醫師團體、病人團體的認可。因此，亦可作為臺灣在推動其他醫療事故類型之無過失補償制度時的參考。

在臺灣，欲落實無過失補償制度的精神，本書以為，最重要的關鍵就是改變「揪出兇手」、一旦發生事故，就尋找特定「犯錯者」歸咎的心態。而應以更理性、實事求是的態度，尋找出「犯錯的行為」，加以修正與改善，且給予發生不幸事故的一方即時而恰當的補償。訴訟系統及侵權責任體系基於本身的性質，無法也不應肩負這樣的責任。

如前文所述，訴訟系統並不應是懲罰替罪羔羊，以撫平受害人內心傷痛不滿的萬能打手；也無法扮演救濟苦難，補償意外的社會救助之角色。事實證明，訴訟反而使當事人在過程中耗費寶貴的時間與金錢，並且激化彼此的對立。

西晉傅玄嘗言：「水跟火的性質，是相互排斥的，但是善於運用它們的統治者，卻懂得就會放置『缶』或『鼎』這些廚具在它們之間，讓食物能在火上煮，也能在水裡煮，水跟火同時發揮它們的功用而不相互排斥，五種味道得以調和，百種料理得以完成。世界上的東西，像水跟火一樣相斥的很多，如果統治者懂得放置缶或鼎在它們中間，又怎麼會擔心人民會相互殘害，以至於不能讓他們發揮所長呢？」

　　在今日醫病關係緊張，醫療糾紛不斷，勢同水火的當下，採取無過失補償制度，或許就像放置「缶」與「鼎」在水與火之間一般，不但能定紛止爭，更足以調和衝突，促進醫病間的合作，提升醫療照護的品質，進而帶動醫學與人民福祉的進步！

第七章　附論：從試辦計畫到救濟條例

　　生育事故試辦計畫在獲得了正面成效以後，於民國 104 年 12 月 30 日由總統公布「生產事故救濟條例」，並在公布後半年後施行，救濟計畫正式有了法律依據。目前官方有關於生產事故救濟的相關資訊與表格，可於衛生福利部醫事司「生產事故救濟專區」網站中查詢，於本章將分析生產事故救濟條例與試辦計畫的不同與創新之處。

一、規範大綱

　　生產事故救濟條例全文共 29 條，編為五章。分別是總則、生產事故救濟、生產事故事件通報、查察、分析及公布、罰則以及附則。總則說明條例宗旨與名詞定義。其立法宗旨為：「為承擔女性的生產風險，國家建立救濟機制，確保產婦、胎兒及新生兒於 生產過程中發生事故時能獲得及時救濟，減少醫療糾紛，促進產婦與醫事 人員之伙伴關係，並提升女性生育健康及安全，特制定本條例。」與試辦計畫之宗旨相仿，但更強調國家肩負「承擔女性生產風險」的任務，而不單著重於解除醫病爭議與緊張。宗旨所提到的「救濟」也更明確定義了此項金額的性質。此外，也將「生育」更名為「生產」，筆者以為「生育」可能帶有「生產」與「養育」的不明確定義，而「生產」則是更明確的呈現本條例所欲規範的事故性質。

二、與舊法之銜接

　　試辦計畫原訂於 2016 年退場，但由於考量到去年 6 月 29 日（含）以前的部分生產事故，可能因未滿 2 年而還未申請，所以決定延長試辦計畫可申請到 2018 年的 6 月 29 日，讓試辦計畫與新實施的條例能夠接軌，不會有案件被阻擋在社福網外[1]。

三、與「試辦計畫」之異同分析

(一) 承辦機關

　　試辦計畫所屬的承辦機關為「藥害救濟基金會」，在條例實施後，承辦機關則是「財團法人台灣婦女健康暨泌尿基金會」，該基金會於 1998 年成立，主要成員為婦產科醫師，過去主要與政府合作，協助推動婦女健康與婦女尿失禁防治等相關業務。但是目前造訪基金會網站[2]，尚無有關生產救濟的相關訊息。日後可以持續觀察基金會承辦救濟業務之成效。

(二) 追回賠償

　　過去在試辦計畫執行時，許多輿論接擔心會有領了救濟金仍提告的狀況發生，如此一來將無法達到減少醫療糾紛的效果。在執行期間，雖然僅有一

---

[1] 倪浩倫，「無縫接軌 生育事故救濟延長試辦」，中時電子報，2017 年 1 月 1 日，http://www.chinatimes.com/newspapers/20170101000467-260114，最後瀏覽日期：2017 年 8 月 27 日。

[2] 財團法人台灣婦女健康暨泌尿基金會 http://www.womanhealth.org.tw/Health%20Headline.html，最後瀏覽日期：2017 年 8 月 27 日。

例屬於領了救濟金仍提告的案例，條例第 12 條，仍提出更明確的規範：「給付救濟後，有下列情形之一者，中央主管機關應以書面作成處分，命受 領人返還：一、有具體事實證明依前條規定不應救濟。 二、同一生產於救濟後，提起民事訴訟或刑事案件之自訴或告訴。」[3]因此新法實施後，若當事人請領救濟金，又再提出訴訟，便須返還救濟金，以避免救濟又訴訟的情況發生。若當事人已提出訴訟，但最後決定採取請領救濟的管道，依據第 11 條規定，若符合以下情形，仍可以申請救濟：「（一）民事訴訟前於第一審辯論終結前撤回起訴。（二）告訴乃論案件於偵查終結前撤回告訴或於第一審辯論終結前撤回自訴。（三）非告訴乃論案件於偵查終結前以書面陳報不追究之意。」需注意的是，即使當事人在刑事案件中書面陳報不追究之意，檢察官仍有權利繼續調查起訴，形成非告訴乃論案件。根據第 13 條規定，最後若法官判決應由醫事人員負責，則中央主管機關可就所支付之救濟款項，於法官判決的損害賠償金額之範圍內，應向醫療機構、助產機構或醫事人員請求返還。

　　第 13 條第 3 項還提到：「中央主管機關向醫療機構或助產機構追償時，如醫療事故發生原因指向系統性錯誤者，醫療機構或助產機構於償還後，不得向醫事人員求償。」此條中的系統性錯誤，定義為：「因醫療機構或助產機構之組織、制度、決策或設備設施等機構性問題，致醫療或助產行為發生之不良結果[4]。」系統性錯誤是一項較新的創見，此條不僅承認了系統性錯誤的存在，並且也認為不應該由醫護人員個人來承擔系統性錯誤的結果。筆者以為這是非常好的進步，因為必須得先看見問題，才有機會解決問題。但是既然屬於「系統性錯誤」，是否就有別於傳統的因果關係判斷？若此錯誤源自於更大的一個系統，比如健保、國家預算的機制不夠完善，又該如何解決？將是未來在實務判決中必須要面對的問題。特別是在臺灣由政府對於醫療機構有高度的控制力，也更有義務肩負改善系統的責任。

---

[3] 生產事故救濟條例，第 12 條。

[4] 生產事故救濟條例，第 3 條。

(三) 補償範圍

　　救濟條例的補償範圍，與試辦計畫最大的區別，在於特別提出若發生子宮切除的情形，將給予最高 80 萬元的救濟。由於過去子宮切除是否算身心障礙，一直有諸多爭議。子宮切除將無法生育，對女性身心都屬嚴重傷害，但目前卻不符合身心障礙津貼的標準。此項救濟項目的提出，將能減輕不幸需切除子宮的婦女的負擔。

(四) 通報機制

　　在試辦計畫時期，也有民間聲音抗議生產救濟，等於是為醫方支付補償金，無法達到監督或是獲得真相的目的。或是擔心醫方是否會因為不需擔心訴訟，而鬆懈注意。本條例則規範了更清晰的通報與檢討機制，來回應這樣的質疑。即使不採取訴訟逼迫，仍可以提升醫療品質，並緩解醫病間的緊張關係。在條例的 22 條提出：「為預防及降低生產事故風險之發生，醫療機構及助產機構應建立機構內風險事件管控與通報機制，並針對重大生產事故事件分析根本原因、提出改善方案……重大生產事故事件分析根本原因內容，不得作為司法案件之證據。」並訂有罰則。第 23 條則要求：「主管機關對經辦之生產事故救濟事件，應進行統計分析，每年公布結果。」採取資訊透明但不咎責的模式進行。並訂定「生產事故通報及查察辦法」規範具體施行方式。

(五) 道歉法的引入

　　本法的另一項創新，規範於第 6 條：「依本章規定進行說明、溝通、提供協助或關懷服務過程中，醫事人員或其代理人所為遺憾、道歉或相類似之陳述，不得採為相關訴訟之證據或裁判基礎。[5]」此條由立委黃昭順、林淑芬、

---

[5] 生產事故救濟條例，第 6 條。

田秋堇等提出，目的在於：「俾使醫事人員或其代理人於生產事故糾紛發生時，勇於向病患或家屬表達歉意，緩和醫病關係，以避免因摩擦而使生產事故糾紛衍生為訴訟事件，期有效減少糾紛案件，創造醫病關係雙贏。[6]」過去，醫事人員在發生醫療糾紛時，因為擔心道歉、表達慰藉等行為，可能被當成日後審判的證據，往往採取防備否認的姿態，但反而加深了醫病間的矛盾與衝突。已有不少學者認同美國道歉法制度將會是訴訟外醫療紛爭解決機制的一種可能性，[7]在美國道歉法(apology law)非常常見，至少有 48 州都有道歉法規範，一項在美國進行的研究指出，若醫事人員在事故發生後道歉，賠償金額將能下降 12.8%，並且道歉在涉及產科、麻醉、嬰兒、男性病例的案件中，更有顯著的減少潛在訴訟機會的效果。[8] 第 6 條的提出，使醫事人員若希望能給予家屬道歉或表達慰藉時，不須再擔心可能會成為訴訟證據。但筆者認為此條並非也不應要求醫事人員無論何種情況都要道歉，而是當面臨情緒激動悲痛的病人與家屬時，能更安心地採取較柔軟彈性的溝通姿態。

(六) 附帶決議

本法三讀通過後，更附帶三項決議，要求衛生福利部應於本法通過後一年內，配合辦理下列事項[9]：

1. 完成檢討修訂醫療法施行細則第 42 條至第 45 條，以落實醫療機構內病安通報、調查、分析等相關機制之規定。
2. 衛生福利部應頒定導致病人死亡或重大傷害、身心障礙等重大病人安全事件之「醫院根本原因分析調查標準作業程序」，包含通報時限及方

---

[6] 立法院公報，第 104 卷 第 96 期(4295)，2015 年 12 月 23 日。

[7] 黃鈺媖、楊秀儀，訴訟外醫療糾紛處理機制──認錯, 道歉有用嗎? 美國道歉法制度沿革與啟示，月旦法學雜誌，230 期，頁 140-172，2014 年 7 月。

[8] Ho, Benjamin, and Elaine Liu. *"What's an Apology Worth? Decomposing the Effect of Apologies on Medical Malpractice Payments Using State Apology Laws."* JOURNAL OF EMPIRICAL LEGAL STUDIES 8.s1 179-199,179 (2011).

[9] 同註 6。

式、專案調查小組成立層級、召集人與組成人員、運作方式、報告完
成期限、實施成果，及其他應遵行事項；醫療機構並應依主管機關之
通知，提出報告並接受檢查及資料蒐集。

3.將區域級以上醫院，辦理醫療爭議之院內關懷服務窗口、運作方式等
資訊，上網公告周知。

四、綜合評析

　　筆者認為，新上路的救濟條例，吸取了試辦計畫的成功經驗，並且在不
足之處加以補強。此外也確立了該項基金屬於「救濟」的地位，終結了過去
醫病學界對於基金應屬「補償」或「救濟」的論戰，也給予生育婦女更全面
的保障。其結構正似本書圖表 50 所提出的運行模式。

　　此條例牽涉到三個方面，政府、醫方、生產婦女與家屬，要能盡善盡美
的達成三方的協調，並不容易。筆者認為政府應持續聽取醫方與生產婦女及
家屬的意見，尋求能獲得三全其美的可能。救濟條例美中不足之處，一為主
要經費來源仍由政府預算撥充，是否能夠獲得足夠經費永續經營，有待日後
觀察。另外，重大傷害最高仍只給予 150 萬元救濟，低於死亡的最高 200 萬
元救濟。對於因為生產發生重大傷害的家庭，所需要的長期照護與社福資源，
150 萬並無法緩解他們將面對的沈重負擔。對於因生產而導致重大傷害的家
庭，筆者認為國家仍因規劃更全面的照護措施或提高救濟金額，以確實落實
分擔生產風險的宗旨。

　　從試辦計畫到救濟條例，漫長的十餘年間，有著各方人士不斷的倡議及
努力，無不是為了能提升婦女的權益，促進醫病雙方關係的和諧，達成醫療
品質提升，醫病雙贏的成果，完成立法是一項突破性的進步， 也十分期待這
一段辛苦的立法過程，能作為未來有關保障婦女權益、處理醫療糾紛討論時
的重要參考。

參考文獻

一、中文參考書目

(一) 政府資料

1. 研究報告

連吉時，醫療事故補償或救濟制度之相關研究，行政院衛生署九十五年度科技研究計
　　畫， 2006 年 1 月 1 日至 2006 年 12 月 31 日，

劉宗德，「裁判外紛爭解決制度與法之支配」之研究，國科會研究計畫，2004 年 8 月
　　1 日至 2005 年 7 月 31 日。

2. 政府統計

衛生福利部民國 102 年死因統計年報，表 11「歷年新生兒、嬰兒及孕產婦死亡人數、
　　死亡率」，。

行政院衛生福利部醫事司「受理委託醫事鑑定案件數統計表」，統計期間：民國 76 年
　　到 102 年。建檔日期：2013 年 6 月 25 日。

3. 立法院公報

立法院公報，第 101 卷第 40 期(3981)，2012 年 06 月 07 日。

立法院公報，第 103 卷第 26 期(4135)，2014 年 5 月 1 日。

立法院公報，第 104 卷第 96 期(4295)，2015 年 12 月 23 日。

4. 立法院關係文書

生產風險補償條例草案，院總第 1353 號，委員提案第 13937 號。立法院第 8 屆第 2
　　會期第 3 次會議議案關係文書，2012 年 10 月 3 日印發。

行政院版醫療糾紛處理及醫療事故補償法草案，院總第 1631 號 政府提案第 13479
　　號，立法院第 8 屆第 2 會期第 15 次會議議案關係文書， 2012 年 12 月 26 日
　　印發。

5. 行政院公報

行政院公報，第 20 卷，第 9 期，2014 年 1 月 14 日。

(二) 書籍

王澤鑑，侵權行為法，2011 年 8 月。

台灣醫事法學會‧東吳大學醫事法專題教師群著，醫事法專題講座， 2012 年 9 月。

江俊彥，民法債編總論，2011 年 9 月。

吳俊穎、陳榮基、楊增暐、賴惠蓁、翁慧卿，實證法學：醫療糾紛的全國性實證研究，
　　2014 年 10 月。

施茂林，法律風險管理跨領域融合新論，2013 年 9 月。

陳聰富，醫療責任的形成與展開，2014 年 5 月。

曾淑瑜，醫療過失與因果關係，1998 年 9 月。

黃丁全，醫事法，2000 年 7 月。

黃茂榮，債法總論（二），2010 年 9 月。

黃舒芃，變遷社會中的法學方法，2009 年 9 月。

楊伯峻，春秋左傳注，1991 年 9 月。

瞿海源等，社會行為科學研究法(一)：總論與量化研究法，2012 年 1 月。

(三) 專書論文

李念祖等，我國仲裁與訴訟制度解決醫療糾紛之比較，載：訴訟外紛爭解決機制，2012
　　年 2 月。

邱玟惠，淺談預防接種事故之救濟法制，載：醫事法專題講座，2012 年 9 月。

蔡建興，注意標準與醫療民事責任之變動與發展，載：法律風險管理跨領域融合新論，2013 年 9 月。

(四) 學位論文

王惟琪，醫師專業賠償責任保險——兼論採行日本醫師會醫師賠償責任保險之可行性，國立臺灣大學法律學系碩士論文，2007 年 1 月。

周春燕，女體與國族：女體與國族：強國強種與近代中國的婦女衛生(1895-1949)，國立政治大學歷史研究所博士論文，2008 年 6 月。

施宏明，我國婦產科刑事醫療糾紛之研究——以產科高危險妊娠為探討中心，國立中正大學法律學系碩士論文，2007 年 6 月。

張育甄，陳靖姑信仰與傳說研究，國立中興大學中國文學系碩士論文，2002 年 7 月。

陶楷韻，醫療糾紛解決模式之探討，國立臺灣大學法律科際整合研究所碩士論文，2014 年 1 月。

黃國宸，醫療糾紛民事責任與無過失補償制度之研究，國立臺北大學法律學系碩士論文，2013 年 7 月。

黃鈺媖，我國婦產科醫療糾紛裁判之實證研究——理論與實務之檢討，國立臺灣大學法律學系所碩士論文，2004 年 6 月。

(五) 期刊論文

何弘能，理事長的話，台灣婦產科醫學會會訊，210 期，頁 4，2014 年 4 月。

吳俊穎、楊增暐、賴惠蓁、陳榮基，醫療糾紛民事訴訟時代的來臨，台灣醫療糾紛民國 91 年至 96 年訴訟案件分析，台灣醫學，14 卷 4 期，頁 359-369，2010 年。

吳俊穎、楊增暐、陳榮基，醫療糾紛鑑定的維持率：二十年全國性的實證研究結果，科技法學評論，10 卷 2 期，頁 203-238，2013 年 10 月。

呂佳育，日本產科醫療補償制度，醫改雙月刊，33 期，頁 11， 2009 年 10 月。

李明蓉、楊秀儀，「無過失補償」就是不究責嗎？——從藥害救濟法第十三條第一款談起，月旦法學雜誌，228 期，頁 119-140，2014 年 5 月。

李明濱等校閱，醫療安全暨品質研討系列《45》101 年度醫療案例學習討論會：醫事

糾紛鑑定與法律實務，臺灣醫界，55 卷 6 期，頁 30，2012 年 6 月。

沈冠伶、陳英鈴，仲裁、程序選擇權與訴訟權之保障──以政府採購法第 85 條之第 2 項規定為例探討法定仲裁之相關問題，月旦法學雜誌，158 期，頁 217 - 235，2008 年 6 月。

侯英冷，我國醫療事故損害賠償問題的現況與展望，台灣本土法學雜誌，39 期，頁 114-120，2002 年 10 月。

胡興梅，羅爾斯正義評論簡介，共同科學期刊，3 期，頁 167-178，1994 年 6 月。

財團法人台灣醫療改革基金會研究發展組，醫療傷害，除了迅速補償，也要避免再發生，醫改雙月刊，24 期，頁 3，2008 年 4 月。

高添富，探討現行生育事故救濟計畫的請求權人問題，臺灣醫界，56 卷 5 期，頁 42-45，2013 年 5 月 1 日。

張文郁，我國和美國、日本預防接種受害救濟制度之比較研究，憲政時代，35 卷 2 期，頁 155-196，2009 年 10 月。

張念中，台日醫療無論過失補償制度之比較，新北市醫誌，14 期，頁 10-12，2012 年 3 月。

張婷，行政院版本醫療糾紛處理及醫療事故補償法（草案）之評析與建議，醫事法學，20 卷 1 期，頁 28。

張曉卉，搶救婦產科大崩壞 不讓女人變成下個醫療人球，康健雜誌，139 期，頁 38-49，2010 年 6 月。

張麗卿，刑事醫療訴訟審判之實務與改革──兼評最高法院 96 年度台上字第 4793 號判決，月旦法學雜誌，196 期，頁 162-182，2011 年 8 月。

許振東，論我國實施醫療傷害無過失補償制度之可行性，臺灣法學雜誌，164 期，頁 61-64，2010 年 11 月 15 日。

許振東，醫療糾紛處理程序的現況與困境，臺灣法學雜誌，142 期，頁 79-82，2009 年 12 月 15 日。

陳忠五，醫療糾紛的現象與問題，台灣本土法學雜誌，55 期，頁 1-4，2004 年 2 月。

陳榮基，漫談醫療傷害補償制度，醫療品質雜誌，3 卷 4 期，頁 93-95，2009 年 7 月。

陳榮基等，台灣醫療法律與醫療糾紛的探討，臺灣醫界，37 卷 6 期，頁 102，1994 年 6 月。

曾淑瑜，建構醫療糾紛裁判外紛爭解決模式──引進日本 ADR 制度，月旦法學雜誌，160 期，頁 19-36，2008 年 9 月。

黃鈺媖、楊秀儀，訴訟外醫療糾紛處理機制──認錯，道歉有用嗎？美國道歉法制度沿革與啟示，月旦法學雜誌，230 期，頁 140-172，2014 年 7 月。

黃國昌，法學實證研究方法初探，月旦法學雜誌，175 期，頁 142-153，2009 年 12 月。

黃藿，亞里斯多德的正義觀，哲學與文化，23 卷 1 期，頁 1177-1190，1996 年 1 月。

楊秀儀，從無過失重回過失──紐西蘭有關醫療傷害補償制度之變遷及對台灣之啟示，政大法學評論，64 期，頁 97-117，2000 年 12 月。

楊秀儀，瑞典「病人賠償保險」制度之研究──對台灣醫療傷害責任制之啟發，臺大法學論叢，30 卷 6 期，頁 165-194，2001 年 11 月。

楊秀儀，論醫療糾紛之定義、成因與歸責原則，台灣本土法學雜誌，39 期，頁 121-131，2002 年 10 月。

楊秀儀，醫療糾紛與醫療過失制度──美國經驗四十年來之探討，政大法學評論，68 期，頁 1-41，2001 年 12 月。

廖慧娟，醫療機構辦理生育事故救濟試辦計畫(草案)，醫療品質雜誌，6 卷 4 期，頁 46-51，2012 年 7 月，

劉宏恩，「書本中的法律」(Law in Books) 與「事實運作中的法律」(Law in Action)，月旦法學雜誌，94 期，頁 336-341，2003 年 3 月。

潘恆新，我國婦產科醫療糾紛案例解析，臺灣法學雜誌，151 期，頁 49-53，2010 年 5 月。

潘維大，醫療糾紛歸責原因發展趨勢，臺灣法學雜誌，160 期，頁 23-26，2010 年 9 月 15 日。

蔡岳熹，側看日本的醫療崩壞，臺灣醫界，56 卷 5 期，頁 63-64，2013 年 7 月。

謝紹芬，無過失醫療意外保險商品可行性研究──現行醫師業務責任保險商品之啟示，保險與經營制度，12 卷 2 期，頁 129-158，2013 年 9 月。

(六) 研討會論文

楊秀儀，「醫療法律研討會：醫療責任保險制度」簡報，2014 年 10 月 31 日。

楊秀儀，政府還是市場？醫療傷害補償制度之比較分析：從瑞典和美國經驗談起，醫

療法律研討會-醫療責任保險制度研討會簡報，2014 年 10 月 31 日。

(七) 媒體報導

林思宇，「怕醫療糾紛 沒生活品質 選到婦產科 醫學生痛哭」，聯合報，A6 版，2013 年 5 月 19 日。

詹建富，「沒人要當婦產科醫師…名醫謝豐舟嗆：開放菲醫算了」，聯合報，A12 版，2012 年 5 月 17 日。

鄭涵文，「醫師荒 內科最慘…8 年後恐缺 3788 人」，聯合報，A4 版，2014 年 12 月 20 日。

(八) 網路資料

「日本婦產科 醫療補償制度與病人安全」，聯合新聞網，2012 年 11 月 14 日，http://mag.udn.com/mag/life/storypage.jsp?f_ART_ID=424296，最後瀏覽日期：2015 年 2 月 21 日。

「生育事故救濟難產 醫界激憤嗆馬」，自由時報，2012 年 6 月 18 日，http://news.ltn.com.tw/news/life/paper/592521，最後瀏覽日期：2015 年 2 月 21 日。

「生育救濟跳票婦科嗆馬」，蘋果日報，2012 年 6 月 18 日，http://www.appledaily.com.tw/appledaily/article/headline/20120618/34307846/，最後瀏覽日期：2015 年 2 月 21 日。

「追查疏失，醫療糾紛處理才能治本」，台灣醫療改革基金會網站，2008 年 3 月 11 日，http://www.thrf.org.tw/Page_Show.asp?Page_ID=662，最後瀏覽日期：2015 年 2 月 21 日。

「衛署：推動生育風險補償 尋求共識中」，中央社報導，2008 年 3 月 5 日，http://news.tw16.net/newsData.asp?nNo=1474，最後瀏覽日期：2015 年 2 月 16 日。

「衛福部廣納綜合各界意見，提出 11 項醫糾法草案建議 免除醫病雙方訴訟負擔」，衛生福利部網站，2015 年 5 月 16 日，http://www.mohw.gov.tw/cht/Ministry/DM2_P.aspx?f_list_no=7&fod_list_no=5312&doc_no=49344，最後瀏覽日期：2015 年 5 月 30 日。

「醫護回流？衛福部大玩數字遊戲」，新新聞，2014 年 9 月 30 日，http://www.new7.c

om.tw/NewsView.aspx?i=TXT20140903154848V6G，最後瀏覽日期：2015 年 6 月 5 日。

生育風險補償基金，台灣女人連線網站，2014 年 10 月 23 日，http://twl.ngo.org.tw/health_word.asp?artid=00187&artcatid=00002&artcatnm=%AC%DB%C3%F6%ACF%B5%A6&nouse=637，最後瀏覽日期：2015 年 2 月 16 日。

衛生統計名詞定義，衛生福利部統計處網站，http://www.mohw.gov.tw/cht/DOS/Statistic.aspx?f_list_no=312&fod_list_no=1717，最後瀏覽日期：2015 年 5 月 5 日。

衛生福利部疾病管制署「歷年受害救濟申請案給付金額統計」，http://www.cdc.gov.tw/list.aspx?treeid=d78de698c2e70a89&nowtreeid=110fa1639def7957，最後瀏覽日期：2015 年 5 月 5 日。

衛生福利部新聞稿，「生育事故救濟試辦計畫」成效斐然，降低產科醫療糾紛，改善執業環境，衛生福利部醫事司網站，2015 年 5 月 8 日。http://www.mohw.gov.tw/CHT/Ministry/DM2_P.aspx?f_list_no=7&fod_list_no=5312&doc_no=49281，最後瀏覽日期：2015 年 6 月 5 日。

鄭聰明，新制評鑑委員之評鑑作業交流與分享醫糾與醫病關係之法律問題，台灣社區醫院協會，http://www.areahp.org.tw/upload/event_source/1126A.pdf，最後瀏覽日期：2015 年 4 月 13 日。

駱慧雯，「醫糾壓力大，六成產科門診無醫師接生」，華人健康網，2012 年 6 月 17 日，https://www.top1health.com/Article/5780，最後瀏覽日期：2015 年 4 月 8 日。

藥害救濟業務執行現況，藥害救濟基金會網站，http://www.tdrf.org.tw/files/files/02-217.pdf，最後瀏覽日期 2014 年 4 月 15 日。

二、日文參考書目

(一) 期刊論文

我妻學，分娩に関連する脳性麻痺に対する無過失補償制度：バージニア州における無過失補償制度を中心にして (村松勲教授追悼号)，法学会雑誌, 48 卷 2 号，

頁 79-117，2007 年 12 月。

(二) 相關規範

公益社団法人日本医師会，平成 27 年 1 月からの出産育児一時金見直し （産科医療補償制度等の一部改定），2014 年 1 月。

公益財団法人日本医療機能評価機構，產科醫療產科医療補償制度加入規約，2014 年 1 月。

公益財団法人日本医療機能評価機構，產科医療補償制度 標準補償約款，2014 年 1 月。

(三) 網路資料

加入分娩機關檢索，公益財團法人日本醫療機能評價機構網站，http://www.sanka-hp.jcqhc.or.jp/search/index.php，最後瀏覽日期 2015 年 3 月 14 日。

產科醫療補償制度について，厚生勞働省網站，http://www.mhlw.go.jp/topics/bukyoku/isei/i-anzen/sanka-iryou/，最後瀏覽日期 2015 年 3 月 15 日。

三、英文參考書目

(一) 書籍

Organization for Economic Co-operation and Development Policy Issues in Insurance, *MEDICAL MALPRACTICE PREVENTION, INSURANCE AND COVERAGE OPTIONS* (2006).

World Health Organization, *WOMEN AND HEALTH: TODAY'S EVIDENCE TOMORROW'S AGENDA* (2009).

U.S. Congress, Office of Technology Assessment, *DEFENSIVE MEDICINE AND MEDICAL MALPRACTICE* (1994).

(二) 期刊論文

Bismark, Marie & Paterson, Ron, *No-Fault Compensation In New Zealand: Harmonizing Injury Compensation*, 25 PROVIDER ACCOUNTABILITY, AND PATIENT SAFETY HEALTH AFFAIRS 278 (2006).

Brahams, Diana, *The Swedish Medical Insurance Schemes*, 331 THE LANCET 43 (1988).

Brahams, Diana, *No Fault Compensation*, 336 THE LANCET 1499 (1990).

Coylewright, J., *No Fault, No Worries Combining a No-Fault Medical Malpractice Act with a National Single-Payer Health Insurance Plan*, 4 IND. HEALTH L. REV. 31 (2007).

Ho, Benjamin, and Elaine Liu. "*What's an Apology Worth? Decomposing the Effect of Apologies on Medical Malpractice Payments Using State Apology Laws.*" JOURNAL OF EMPIRICAL LEGAL STUDIES 8.s1 179-199 (2011).

Joint Legislative Audit & Review Commission of the Virginia General Assembly, *Review of the Virginia Birth-Related Neurological Injury Compensation Program* 1 (2003).

Krauss, Michael, *A medical liability toolkit, including ADR*, 2 JOURNAL OF LAW: A PERIODICAL LABORATORY OF LEGAL SCHOLARSHIP 349 (2012).

Leflar, Robert B., *The Law of Medical Misadventure in Japan*, 87 CHICAGO-KENT LAW REVIEW 79 (2012).

MacCourt, Duncan & Bernstein, Joseph, *Medical Error Reduction and Tort Reform through Private, Contractually-based Quality Medicine Societies*, 35 AM. J. LAW MEd., 505 (2009).

Neraas, Mary Beth, *Comment, The National Childhood Vaccine Injury Act of 1986: A Solution to the Vaccine Liability Crisis?*, 63 WASH. L. REV. 149 (1988).

Siegal, G et al., *Adjudicating Severe Birth Injury Claims in Florida and Virginia: The Experience of a Landmark Experiment in Personal Injury Compensation*, 34 AMERICAN JOURNAL OF LAW AND MEDICINE 493 (2008).

Raper, Steven E., *Announcing Remedies for Medical Injury: A Proposal for Medical Liability Reform Based On the Patient Protection and Affordable Care Act*, 16

JOURNAL OF HEALTH CARE LAW AND POLICY 309 (2013).

Studdert, David M. et al., *Defensive Medicine Among High-Risk Specialist Physicians in a Volatile Malpractice Environment*, 293 THE JOURNAL OF THE AMERICAN MEDICAL ASSOCIATION 2609 (2005).

Tomizuka, Taro & Matsuda, Ryozo, *Introduction of No-Fault Obstetric Compensation*, HEALTH POLICY MONITOR 14 (2009).

Uesugi, Nana, et al., *Analysis of Birth-Related Medical Malpractice Litigation Cases in Japan: Review and Discussion Towards Implementation of a No-Fault Compensation System*, 36 THE JOURNAL OF OBSTETRICS AND GYNAECOLOGY RESEARCH 717 (2010).

(三) 網路資料

Why the Birth-Injury Program, Virginia Birth-Related Neurological Injury Compensation Program, http://www.vabirthinjury.com/why-the-birth-injury-program/, last visited 2015/3/9.

Welcome to ACC , The Accident Compensation Corporation (ACC)website , http://www.acc.co.nz , last visited 2015/3/11.

Information about how ACC can help you after an injury (Chinese), The Accident Compensation Corporation (ACC) website, http://www.acc.co.nz/publications/index.htm?ssBrowseSubCategory=Chinese, last visited 2015/3/11.

附錄一：衛生福利部「鼓勵醫療機構辦理生育事故爭議事件試辦計畫」申請作業須知

101 年 9 月 26 日衛署醫字第 1010267046 號核定

102 年 5 月 16 日衛署醫字第 1020211043 號修正

壹、背景說明

鑑於生產過程致生不良結果之事故，常引起醫病爭議，滋生醫病關係之緊張或對立，甚至導致冗長之民事或刑事訴訟；且馬英九總統在醫療政策政見中，提出建立醫療無過失事故救助辦法及生產風險之補償制度，對於生產過程中，醫療機構或人員非出於故意或明顯過失之醫療風險所造成之母嬰不良結果，應加以補償或救濟。爰此，為解決醫療爭議由病人單方承擔醫療不良結果之情形，並紓緩日益增加之醫療爭議事件，改善醫病關係促進社會和諧，衛生福利部（以下簡稱本部）刻積極研擬醫療糾紛處理及醫療事故補償法（草案），並已召開多次專家研商會議與公聽會。鑑於立法作業尚需一段時日，本部爰針對高風險之醫療科別規劃補償機制，並先以生育事故風險作為優先推動試辦範圍，擬具「鼓勵醫療機構辦理生育事故爭議試辦計畫」，計畫期程為 101 年至 103 年，鼓勵提供接生服務之醫療機構或助產機構，積極與生育事故之病人或其代表人達成和解或調解，並由政府依其傷殘程度提供最高 200 萬之救濟給付補助，使孕產婦得到合理之生育風險保障，並期能有效化解因生育事故導致之醫病對立，改善醫病關係，作為未來規劃全面性醫療傷害補償制度之先驅計畫，並達成社會互助與正義、醫療體

系健全發展及醫病關係和諧之三贏目標。

貳、依據

一、醫療法第91條及醫療事業發展獎勵辦法第2條第3項。

二、行政院101年7月5日院臺衛字第1010025337號函核定辦理。

參、計畫目的

一、維護醫病雙方權益，促進醫病關係和諧。

二、迅速解決爭議，實現社會公平與正義。

三、提升病人安全與醫療服務品質。

四、改善婦產科執業環境，提供孕產婦生育安全保障。

肆、計畫內容

一、主要工作項目：

(一) 生育事故救濟條件：

係指醫療機構或助產機構（以下稱機構）於周產期之醫療與助產過程中，已依該機構專業基準施予必要之診斷、治療或助產措施，仍致孕產婦或胎兒、新生兒死亡或符合相當於身心障礙者權益保障法所定中度以上障礙之生育事故事件。該事件須經機構與病人雙方達成協議，機構同意給予病方金錢或其他適當方式之協助，由政府對該機構給予以一定經費之鼓勵。

(二) 生育事故救濟條件之排除：

生育事故除須滿足上開所列救濟條件外，並應無具備下列情事：

1. 流產致孕產婦與胎兒之不良結果。

2. 36週前因早產、重大先天畸形或基因缺陷所致胎兒死亡（含胎死腹中）或新生兒之不良結果。

3. 因懷孕或生育所致孕產婦心理或精神損害不良結果者。

4. 對於生育事故明顯可完全歸責於機構或病方者。

5.懷孕期間有參與人體試驗情事者。

(三) 生育事故救濟審議：

　　生育事故事件審議將由公正之第三者組成審議會審查是否合於救濟條件並核定救濟金額，審議過程不作有無過失之認定或鑑定。

(四) 醫療品質提升：

　　為使生產過程盡可能降低傷害風險，確保產婦與新生兒安全，參與本計畫機構必須接受由本部或本部委託之民間團體辦理之生育風險評核，評核結果並應經公布供民眾就醫選擇。

(五) 救濟金來源：

　　本計畫經費由本部醫療發展基金支應，機構完全係依自願方式參與。

二、 生育事故發生時間：

　　本計畫適用範疇為 101.1.1-103.12.31 之生育事故。

三、 執行步驟與方法：

(一) 參加資格：

1.醫療機構：執業登記設有婦產科，並提供接生服務之醫院、診所，可向本部申請參加本試辦計畫。醫院須經評鑑合格；診所則應於參加計畫後一年內通過本部或本部委託民間團體辦理之訪查。

2.助產機構：須與前項經本部評鑑合格或通過訪查之醫療機構訂有醫療協助契約，並應於申請參加計畫後一年內通過本部委託民間團體辦理之訪查者。

(二) 申請救濟給付程序：

1.加入本計畫之機構，凡於 101 年至 103 年期間於機構內執行生育或接生服務所發生之生育事故案件，自發生日起二年內與病方達成生育事故處理協議者，於協議成立日起 60 日內，向本部或本部委辦之機關（構）、團體提出救濟給付之申請；助產機構則由其醫療協助契約之醫療機構申請。

2.前項申請逾 60 日者，不予受理之。如屬機構業與病方就 101 年 1 月 1 日至 9 月 30 日間之生育事故事件達成協議者，申請單位應於 102 年 3 月 1 日前提出。

3.申請救濟應檢具下列文件：

(1)生育事故救濟申請書一式二份（如附件一）。

(2)產前檢查及相關醫療紀錄、生產過程或新生兒相關醫療紀錄 （檢附整份病歷影本，若有轉院，並應檢附轉院後完整病歷資料影本）一式二份。

(3)醫療機構出具之孕產婦或胎兒、新生兒受有不良結果之診斷證明；死亡者，應檢具死亡證明書。

(4)醫療或助產機構與受有不良結果之當事人或其法定代理人或法定繼承人（以下稱受益人）之事故處理協議書影本(協議書參考範例，如附件二及附件二之一）。

(5)生育事故發生於助產機構者，並應檢具醫療協助契約影本。

(6)其他經本部認定必要之文件。

4.前項申請文件不完整或經審查需補充其他文件時，應依本部或本部委辦之機關（構）、團體通知之期限內補件，逾期不補件者，該申請案應予退件。但有正當理由，得於補正期限屆至前，向本部或本部委辦之機關（構）、團體申請展延乙次。

5.本部或本部委辦之機關（構）、團體受理申請案件，應於申請日或資料補件完成日起 3 個月內審定，必要時得延長 1 個月，並應於審定日起 15 日內以書面通知申請機構。

(三) 審查機制：

　　由本部成立之「衛生福利部生育事故救濟審議會（以下簡稱審議會）」依據行政院核定之「鼓勵醫療機構辦理生育事故爭議試辦計畫」、「衛生福利部生育事故救濟審議會設置要點」、「衛生福利部生育事故救濟審議基準及作業程序」、本申請作業須知及相關法令進行審議。

(四) 給付基準：

　　符合生育事故救濟條件之申請案，視個案事實發生情節之審定金額，上限如下，且不得逾機構與病方簽署達成事故處理協議之額度：

1.孕產婦死亡：新臺幣 200 萬元以內。

2.胎兒、新生兒死亡：新臺幣 30 萬元以內。

3.孕產婦或新生兒極重度障礙：每人新臺幣 150 萬元以內。

4.孕產婦或新生兒重度障礙：每人新臺幣 130 萬元以內。

5.孕產婦或新生兒中度障礙：每人新臺幣 110 萬元以內。

(五) 品質管控：

1.參加本計畫之機構，應於參加計畫後一年內接受本部或本部委辦之機關（構）、團體通知訪查，以確保其維持合於參加本計畫之條件。

2.參加本計畫之機構，應依本部或本部委辦之機關（構）、團體通知，定期提出該機構辦理有關接生之業務與品質報告，並對機構發生生育不良結果之個案，應參與本部指定之醫療不良結果事件通報，建立其醫療風險管控機制。另有關醫療不良結果事件通報作業本部將另函週知。

3.本部定期公告試辦機構名單及本計畫執行之成果統計分析。

(六) 其他事項：

1.參加本計畫之醫療機構，如有符合下列情形之一者，應負擔返還其已領取之全部或部分救濟金額：

　(1) 經查明醫療機構未有向病人或受益人撥款或依約提出協助之事實者。

　(2) 醫療機構檢具之資料不實，或以虛偽或其他不正當方法、手段等獲取得救濟金額者。

　(3) 生育事故嗣後經司法裁判確認為醫事人員可歸責且具故意或重大過失者。

2.參加本計畫之醫療機構為醫院者，應成立「生育事故關懷小組」，協助處理生育事故爭議事件之調處，促使爭議案件達成協議極大化。診所或助產機構則由轄區機關、團體協助。

3.對於參加本計畫之機構，本部將提供加入標章，讓機構放置明顯處供病方或民眾知悉。

(七) 救濟金額給付方式：

　　生育事故救濟案件經審定核可者，由本部或本部委辦之機關（構）、團體函文通知機構於收到函文 15 日內檢附領據（如附件三），向本部核辦撥款；本部撥款後，機構應於 10 天內交付受益人，並將受益人填寫已領取救濟金額之領款證明單（如附件四）寄回本部。但救濟金已支付且提出受益人證明收訖文件或收據，

經審查通過者，不在此限。

伍、 本計畫之開辦

(一) 機構申請參與文件

　　參加之機構請填妥參與計畫之申請書 1 份（附件五）及合約書正副本各 2 份（附件六）用印後，免備函文寄至衛生福利部醫事司（11558 台北市南港區忠孝東路 6 段 488 號；備註：申請參加生育事故爭議試辦計畫）。

(二) 受理申請案件始日及諮詢服務

　　本計畫自 101 年 10 月 1 日起開始受理生育事故救濟申請，欲申請之機構如對本計畫有任何疑問，請洽詢財團法人藥害救濟基金會諮詢專線：（02）2358-7579；或本部（02）8590-6666 轉 7368，許小姐。

(三) 其他事項

　　有關本計畫之「申請作業須知」及相關申請書表請參閱財團法人藥害救濟基金會網站(http://www.tdrf.org.tw)中「生育事故救濟試辦計畫專區」下載。

附錄二：衛生福利部「鼓勵醫療機構辦理生育事故爭議事件試辦計畫」生育事故救濟申請書

申請單位	醫療機構名稱		評鑑別(診所免填)		醫療機構代碼	
	機構負責人		聯絡電話		傳真	
	聯絡人		Email			
	聯絡地址					
事故發生人	姓名		性別：□男 □女		身分證統一編號	
	出生日期	年 月 日		聯絡電話		
	戶籍地址					
	通訊地址					
事故協議人	姓名		性別：□男 □女		身分證統一編號	
	出生日期	年 月 日		受害人與協議人關係		
	通訊地址			聯絡電話		
申請時之事故追訴狀態	□無 □現已就本案提起民事訴訟 (請勾選訴訟繫屬狀態：□地院□高院) □現已就本案提起刑事訴訟 (請勾選訴訟繫屬狀態：□地檢□地院□高院) □曾經就本案提起民事訴訟 (請勾選訴訟繫屬狀態：□地院□高院) □曾經就本案提起刑事訴訟 (請勾選訴訟繫屬狀態：□地檢□地院□高院)					

申請事故事實概述	一、生育事故之案情：(下述表列者為重要事項，請逐項詳細說明) （一）生育事故日期： （二）事故原因（並請說明產前是否有外力因素，例如車禍、跌倒） （三）生育事故發生原由、經過與案情 二、事故程度： □孕產婦死亡(請檢附死亡診斷證明書；有解剖報告，請併附報告影本) □胎兒、新生兒死亡 (請檢附死亡診斷證明書；有解剖報告，請併附報告影本) □孕產婦或新生兒符合相當於極重度障礙 (請檢附相關證明資料或身心障礙手冊正、反面影本) □孕產婦或新生兒符合相當於重度障礙 (請檢附相關證明資料或身心障礙手冊正、反面影本) □孕產婦或新生兒符合相當於中度障礙 (請檢附相關證明資料或身心障礙手冊正、反面影本) □其他： 三、達成事故處理協議之金額：　　　　　元。

申請應檢附之資料	申請人自行審核	審查紀錄 (受理單位填寫)
一、參與本試辦計畫之醫療機構或助產機構所提供婦產科醫療服務之證明文件。 （本項文件屬自行審核，申請時無須檢附）	□有 □無，原因：	
二、生育事故發生於助產機構者，檢具醫療協助契約影本。 （本項文件屬自行審核，申請時無須檢附）	□有 □無，原因：	
三、生育事故事件發生前產婦健康狀況資料、生產過程醫療紀錄(檢附整份病歷影本，若有轉院，並應檢附轉院後完整病歷資料影本)。	□有 □無，原因：	
四、生育事故事件發生後之醫療機構診斷證明書。	□有 □無，原因：	

五、申請單位與受害當事人或其法定代理人或法定繼承人之事故協議書影本。	□有 □無，原因：	
六、受害人因生產過程之醫療傷害事實相關文件資料。	□有 □無，原因：	
七、受害人因生產過程之醫療傷害事實、申請死亡給付之死亡診斷證明影本。	□有 □無，原因：	

※生育事故救濟申請相關注意事項（申請書及所檢附之醫療紀錄、病歷等原則應一式二份）

一、醫療機構含助產所應依民法與具有請求權資格之病人或家屬達成協議，協議對象舉例如下：

　　（一）死亡給付：受害人之法定繼承人。

　　（二）障礙給付：受害人本人或其法定代理人。

二、生育事故救濟之申請，有時間的限制：

　　（一）申請單位自事故發生日起二年內與病方達成生育事故處理協議者，於協議成立日起 60 日內提出救濟申請。

　　（二）如屬醫療機構業與病方於 101 年 1 月 1 日至 9 月 30 日間之生育事故事件達成協議者，申請單位應於 102 年 3 月 1 日前提出。

三、生育事故有下列各款情事之一者，得以排除申請救濟：

　　1. 流產致孕產婦或胎兒之不良結果；

　　2. 36 週前因早產、重大先天畸形或基因缺陷所致胎兒死亡（含胎死腹中）或新生兒之不良結果；

　　3. 因懷孕或生育所致孕產婦心理或精神損害不良結果者；

　　4. 對於生育事故明顯可完全歸責於機構或病方者；

　　5. 懷孕期間有參與人體試驗情事者。

四、生育事故救濟申請單位檢附之資料不完整或經審查需補充其他文件時，應依本部或本部委辦之機關（構）、團體通知之期限內補件，逾期不補件者，該申請案應予退件。但有正當理由，得於補正期限屆至前，向本部或本部委辦之機關（構）、團體申請展延乙次。

五、生育事故救濟申請人對救濟給付之審定如有不服，須於審議結果到達次日起三十
　　日內，填具覆議書（如附件七）向本部或本部委辦之機關（構）、團體提起覆議。

六、醫療機構如有符合下列情形之一者，應負擔返還其已領取全部或部分獎勵金額：

　　（一）經查明醫療機構未有向病人或受益人撥款或依約提出協助之事實者。

　　（二）醫療機構檢具之資料不實，或以虛偽或其他不正當方法、手段等獲取得獎
　　　　　勵金額者。

　　（三）生育事故嗣後經司法裁判確認為醫事人員可歸責者且具故意或重大過失
　　　　　者。

以上規定，均已知悉，並願意遵守，此致

　　衛生福利部

　　　　　　　　　　　　　　　醫療機構章戳：

　　　　　　　　　　　　　　　　負責人簽章：＿＿＿＿＿＿＿

　　　　　　中　華　民　國　　　年　　　月　　　日

附錄三：協議書（參考範例）

立協議書人 　　　　　　　　　　（以下簡稱甲方，醫療機構方）

　　　　　　　　　　　　　　　　（以下簡稱乙方，病方）

　　茲雙方為懷孕生產所生不良結果事宜，同意訂定本協議書並協議如下條款，以資遵守：

一、甲方與乙方針對民國○○年○○月○○日至民國○○年○○月○○日間乙方因懷孕生產所生不良結果，雙方同意由甲方補償乙方新台幣○○○○萬元整（或填寫「雙方同意以衛生福利部生育事故救濟審議會審定金額作為補償金額」），乙方並願意配合提供或同意甲方調閱複製病歷相關資料**（甲方應請乙方簽署後附之「病歷資料調閱複製同意書」，期以明確）**。

二、甲、乙雙方同意就本案生育事故不良結果及本協議書內容應保持祕密，協議簽署之後，雙方及其家人不得再對第三人透露，亦不得再傳播有不利甲、乙任一方名譽行為（包括口頭、書面、網路、媒體等傳播）；如有違反之一方，應賠償另一方懲罰性違約金新台幣○○○○萬元整。但甲方依衛生福利部頒定「鼓勵醫療機構辦理生育事故爭議事件試辦計畫」申請作業須知、相關法令規定或應醫療機構所在地衛生行政機關要求，將本協議書及相關資料交付或提供行政機關者，不在保密限制範疇。

三、乙方於簽署本協議書同時取得甲方依第一點約定給付新台幣○○○○萬元整時，乙方應另立收據或親筆簽寫「收訖」字樣。（或填寫「甲方經衛生福利部生育事故救濟審議會審定准予救濟時，甲方應儘速通知乙方，乙方並應配合於甲方將審定金額交付乙方同時填寫領款證明單。」）

四、如事後對本協議書有所爭議，雙方同意以○○地方法院為第一審管轄法院。

五、本協議書壹式貳份，由雙方各執壹份為憑。

　　　　立協議書人

　　　　　甲方：

　　身分證字號：

　　（或統一編號）

　　　　　住所：

　　　　　乙方：

　　身分證字號：

　　（或統一編號）

　　　　　住所：

　　見　證　人：

　　身分證字號：

　　（或統一編號）

　　　　　住所：

　　　中　華　民　國　　　年　　　月　　　日

備註：

1、醫療機構方於簽署本協議書時或申請生育事故救濟前如已將補償金額給付病方
　　時，應請病方另製作收據或提供已支付款項證明文件，以利審議。

2、**本協議書屬於參考性質**，請依個案情節酌修文字，不宜全文照列。

3、相關法令（本參考範例摘錄法令時間為 102 年 4 月；惟法令內容仍應依立約當時
　　有權機關所發布之最新版本為準）：

　（1）民法第 12 條：「滿二十歲為成年。」

　（2）民法第 14 條之 1 第 1 項：「對於因精神障礙或其他心智缺陷，至不能為意思表
　　　示或受意思表示，或不能辨識其意思表示之效果者，法院得因本人、配偶、四

親等內之親屬、最近一年有同居事實之其他親屬、檢察官、主管機關或社會福利機構之聲請,為監護之宣告。」

(3)民法第 15 條:「受監護宣告之人,無行為能力。」

(4)民法第 15 條之 1 第 1 項:「對於因精神障礙或其他心智缺陷,致其為意思表示或受意思表示,或辨識其意思表示效果之能力,顯有不足者,法院得因本人、配偶、四親等內之親屬、最近一年有同居事實之其他親屬、檢察官、主管機關或社會福利機構之聲請,為輔助之宣告。」

(5)民法第 15 條之 2 第 1 項第 4 款:「受輔助宣告之人為下列行為時,應經輔助人同意。……四、為和解、調解、調處或簽訂仲裁契約。……。六、為遺產分割、遺贈、拋棄繼承權或其他相關權利。」

(6)民法第 194 條:「不法侵害他人致死者,被害人之父、母、子、女及配偶,雖非財產上之損害,亦得請求賠償相當之金額。」

(7)民法第 192 條第 1 項:「不法侵害他人致死者,對於支出醫療及增加生活上需要之費用或殯葬費之人,亦應負所害賠償責任。」

(8)民法第 192 條第 2 項:「被害人對於第三人附有法定扶養義務者,加害人對於該第三人亦應負損害賠償責任。」

(9)民法第 1138 條:「遺產繼承人,除配偶外,依左列順序定之:一、直系血親卑親屬。二、父母。三、兄弟姊妹。四、祖父母。」

(10)民法第 1139 條:「前條所定第一順序之繼承人,以親等近者為先。」

附錄四
吳宜臻版生產風險補償條例草案總說明

　　醫學的進步雖降低了女性生產的風險，但相關研究顯示，生產過程中仍有無法避免的風險。與其他醫療行為不同的是，生產同時關係到母、胎兩個生命的安危及健康，故比起其他科別，產科醫師面臨較大的風險。再者，由於生產不是疾病，民眾較無風險概念，因此產科比起其他科別更容易發生醫療糾紛。根據衛生署統計，婦產科的醫療糾紛，占歷年醫審會調查醫療糾紛案件的 15%。不管國內外的經驗都顯示，在所有醫療糾紛的案例中，生產所造成的風險經常是突發如其來、難以預測，同時也是最難判斷責任歸屬、通常賠償金額也會最高的案件。醫療糾紛除了讓婦女飽受訴訟的二度傷害，亦使產科醫師面臨非理性的抗爭與報復，降低醫師從事產科的意願，嚴重影響產科之醫療品質，更讓醫師因為擔心醫療糾紛而採取防衛性醫療，造成生產過度醫療化及醫療資源的浪費。

　　世界衛生組織（WHO）於 1996 年起提倡平常化生產（normal child birth），要求各國政府更加關心、改善孕婦的生產經驗。美國促進產科服務聯盟（CIMS）也提出建議，應採取有科學實證的母嬰照顧模式，過度醫療化生產反而危及母嬰安全。生產應讓產婦運用她的本能，以及醫師、助產人員等的專業協助，一起合作。為了讓女性能夠發揮她生育的本能，改善過度醫療化生產的現象，降低醫療糾紛及醫病對立，國家應營造一個友善的生產環境，讓產婦與醫師之間能建立信任與和諧的夥伴關係。在一個少子化的時代，政府除了其他鼓勵生育的政策外，更應該設立一個風險承擔機制，而非讓婦女獨自承擔生產的風險。

　　為了促進醫療品質，並降低醫、用關係之間的對立，目前有些國家如北歐，發展了不以醫事人員或醫療機構是否具有過失為理賠要件的補償制度（No fault compensation），即當有醫療傷害發生時，不問醫事人員或醫療機構，只要符合醫療傷害的法定要件，就可獲得補償，同時也鼓勵醫事人員誠實通報以找出醫療傷害的真正成因。從他們的經驗可發現，該制度可有效減少醫病之間的訴訟與對立。由於意識到生產所衍生之醫療糾紛有其特殊性，美國維吉尼亞州早於 1987 年即引入無過失補償制度，通過「與生產相關之腦神經性損傷補償法」以減輕婦產科醫師的責任風險。日本為因應少子化的社會變遷，於 2007 年開始研擬「因生產事故相關的新生兒腦性麻痺補償無須證明醫師過失」的制度，並於 2009 年正式施行「產科醫療補償制度」。

為建立生產風險承擔機制，確保產婦與嬰兒於生產過程中遭遇風險能獲得及時救濟，緩和產婦與醫師、助產人員之關係，推動平常化生產，促進女性生育健康及安全之生育環境，特制訂本條例。

本草案共計四章二十六條， 其要點如下：

一、本法之立法目的在確保產婦、嬰兒於生產過程中遭遇風險時能獲得及時救濟，緩和產婦與醫師、助產人員之關係，推動平常化生產，促進女性生育健康及安全之生育環境。（草案第一條）

二、本法之主管機關及名詞定義。（草案第二條、第三條）

三、生產風險適用範圍及給付類型。（草案第四條至第六條）

四、生產風險補償給付之請求權人及其申請救濟之程序，並限制領取補償者之訴訟及請求權。（草案第七條）

五、生產風險補償之請求權時效。（草案第八條）

六、申請生產風險補償之權利保護及免納所得稅，並不得作為執行之標的。（草案第九條）

七、規定已受領生產風險補償給付者，若基於同一原因事實自賠償義務人獲有賠償或補償者，於取得賠償或補償之範圍內，應返還其領取生產風險補償給付，避免受害人重複受償。（草案第十條）

八、生產風險補償基金之設立與來源及主管機關辦理生產風險補償業務之委託。（草案第十一條、第十二條）

九、生產風險補償審議委員會之組織與審議程序、期限，與委員迴避義務。（草案第十三條至第十五條）

十、因辦理本法生產風險補償及其相關業務而知悉秘密者負有守密等義務。（草案第十六條）

十一、於生產風險補償案件發現醫療機構、醫事人員有業務上過失且情節重大之處理程序，及主管機關給付生產風險補償案件後得代位求償之情形。（草案第十七條）

十二、醫療機構應建立生產風險管控機制，並有通報生產風險傷害事件之義務。（草案第十八條）

十三、主管機關應建立生產風險資料庫、辦理生產事件統計分析並定期公布結果。（草案第十九條）

十四、違反本法所定守密、未提出改善方案、拒絕調查、通報義務等義務之罰則。（草案第二十條至第二十五條

生產風險補償條例草案

條　　　　　文	說　　　　　明
第一章　總　　則	本章章名。
第一條　為確保產婦、胎兒及嬰兒於生產過程中遭遇風險時能獲得及時救濟，緩和產婦與醫師、助產人員之關係，推動平常化生產，促進女性生產健康及安全之生產環境，特制定本條例。	本條例之立法目的。
第二條　本條例所稱主管機關，為行政院衛生署。	本條例之主管機關。
第三條　本條例用詞，定義如下： 一、生產風險：指產婦、胎兒及嬰兒於生產過程中所受到之傷害或死亡。 二、障礙：指符合身心障礙者權益保障法所定障礙類別、程度者。但不包括因心理因素所致之情形。 三、嚴重疾病：指主管機關公告之全民健康保險重大傷病範圍但不包括慢性精神疾病。	明訂本法所指生產風險、障礙及嚴重疾病之定義。
第四條　產婦、胎兒或嬰兒發生生產風險導	明定生產風險補償之給付範圍。

條　　　文	說　　　明
致死亡、障礙或嚴重疾病者，不論醫護人員有無過失，得依本條例規定請求補償。但中止妊娠所致之產婦、胎兒風險，不在此限。	
第五條　有下列各款情事之一者，不得申請生產風險補償： 一、產婦、胎兒或嬰兒發生死亡、障礙或嚴重疾病與生產過程確定無因果關係者。 二、同一原因事實已獲賠償或補償。但人身保險給付不在此限。 三、本法公布施行前已發生之生產風險。 四、其他經主管機關公告之情形。	為使資源有效運用，申請案件經查有符合本條所定消極要件者，不予救濟。
第六條　生產風險補償給付項目如下： 一、死亡給付。 二、障礙給付。 三、嚴重疾病給付。 前項給付標準，由主管機關另定之。	明定生產風險補償給付項目。
第七條　生產風險補償給付之請求權人如下： 一、死亡給付：受害人之法定繼承人。 二、障礙給付及嚴重疾病給付：受害人本人。 前項受害人本人或其法定繼承人不能行使時，得由受害人之配偶、直系血親或其法定代理人代為請求。 第一項請求權人申請補償給付之程序、應檢附之資料及其他應遵行事項之辦法，由主管機關定之。 依本條例已領取生產風險補償給付之請求權人，就同一原因事實不得再為訴訟或請求。	明定本法請求權人之定義。
第八條　生產風險補償給付之請求權，自請求權人知有損害時起，因二年間不行使而消滅。自損害發生時起，逾十年者亦同。	生產風險補償給付之意旨在於生產傷害發生時協助受害者免於生活之急迫困窘，故明定補償給付申請處理之短期時效。

條　　　文	說　　　明
第九條　申請生產風險補償給付之請求權，不得讓與、抵銷、扣押或供擔保。 受領生產風險補償給付，免納所得稅及遺產稅，並不得作為執行之標的。	一、參考藥害救濟相關立法例，規定申請補償給付之權利，不得讓與，抵銷、扣押或供擔保。 二、本補償給付具救濟性質，參考藥害救濟相關立法例，使免納所得稅及遺產稅，並不得作為強制執行及行政執行之標的。
第十條　已領取生產風險補償給付而基於同一原因事實獲有賠償或補償者，於取得賠償或補償之範圍內，應返還其領取之生產風險給付。 前項不包括依法或依契約所得請求之社會或人身保險給付。	參考藥害救濟相關立法例，規定對已受領生產風險補償給付而基於同一原因事實自賠償義務人獲有賠償或補償者，於其取得賠償或補償之範圍內，應返還其領取生產風險補償給付，以符合補償制度之宗旨，並避免受害人重複受償。
第二章　生產風險補償基金	本章章名。
第十一條　為辦理生產風險補償業務，主管機關應設生產風險補償基金，基金之來源如下： 一、政府編列預算之補助。 二、公益彩券盈餘、菸品健康福利捐。 三、提供接生服務之醫療院所。 四、依本法之代位求償收入。 五、本基金之孳息收入。 六、其他收入。 前項基金之收支、保管及運用辦法，由行政院定之。 前項基金若有補償金額不足之情事，由政府全額支應補助。 第一項第三款提供接生服務之醫療院所費用，由主管機關於本法公布施行五年後開徵。	一、明定基金財務來源。 二、第一項第三款提供接生服務之醫療院所負擔之比例，應由主管機關參考該醫療院所所屬之產科醫師、助產人員人數定之。 三、鑑於成立基金、補償運作事宜牽涉廣泛，且由於國內執業環境造成當前婦產科醫師人力銳減，再者，生育不僅僅是個人之事，更攸關國家社會，故初期先由國家統籌負擔有其正當性，待基金運作穩定後，再向醫療院所開徵費用，使基金運作更為流暢。爰於第三項明定醫療機構院所之費用由本法施行五年後始向醫療院所徵收。
第十二條　主管機關為辦理生產風險補償業務，得委託其他機關（構）或團體辦理下列事項；必要時，並得捐助成立財團法人，委託其辦理： 一、補償金之給付。	明定主管機關為辦理生產風險補償作業，應委託機關、團體，並明定其相關業務。

條　　　　　文	說　　　　　明
二、費用之收取及管理。 三、生產風險事件通報及分析。 四、建立生產風險事件資料庫。 五、其他與生產風險業務有關之事項。 前項委託，主管機關得隨時要求受託機關（構）或團體提出業務及財務報告，並得派員檢查其業務狀況及會計帳簿等資料。	
第十三條　主管機關為辦理生產風險補償及給付金額之審定，應設生產風險補償審議委員會（以下簡稱審議委員會）；其組織及審議辦法，由主管機關定之。 前項審議委員會設置委員十一人至十七人，由主管機關遴聘醫學、法學、婦女團體代表及社會公正人士擔任，其中單一性別不得少於三分之一，且法學、婦女團體及社會公正人士代表人數不得少於三分之一。	明定生產風險補償審議委員會之組織成員。
第十四條　審議委員會之委員，對於處理事項涉及本人、配偶及三親等內親屬、所屬醫療機構或體系時，應自行迴避。 前項應迴避之委員未迴避時，其所審議之案件應於一個月內重新審議。	一、明定審議委員會委員之迴避義務。 二、明定應迴避之審議委員未迴避之案件審議效果。
第十五條　審議委員會受理生產風險補償案件後，應於接受申請之日起三個月內做成審定；必要時，得延長之。但延長期限不得逾一個月。	明定生產風險補償案件之審議期限。
第十六條　辦理本法所定生產風險補償相關業務之人員，因執行職務而知悉、持有之醫療業務與受害人之秘密，不得無故洩漏，並不得為自己利益而使用。	對於因辦理相關業務而知悉秘密者，課予守密等義務。
第十七條　主管機關於生產風險補償案件審定後，如發現醫事人員有故意或應注意而未注意之過失者，應移付懲戒並得命其接受一定時數之繼續教育。 主管機關於生產風險補償案件審定後，如發	一、明定主管機關於生產風險補償案件決定後之後續處理方式，於醫事人員有故意或情節重大之過失者，應移付懲戒並接受一定時數之繼續教育；情節重大之過失，係包含一定時間內連續重複犯

條　　　　文	說　　　　明
現該風險係因醫療機構、醫事人員故意行為或重大過失所致，得於給付金額範圍內，代位請求賠償。 第一項繼續教育之辦法，由主管機關另定之。	相同過失，其發生密度緊密。 二、若該風險因醫療機構、醫事人員故意行為所致，主管機關得代位請求賠償。
第十八條　為預防及降低生產風險之發生，主管機關應要求醫療機構建立生產風險管控機制，辦理生產風險事件通報及處理並提出改善措施方案。 主管機關應要求醫療機構通報生產風險事件，其通報方式由主管機關定之。	明定主管機關應要求醫療機構建立生產風險管控機制，並針對傷害事件進行原因分析，要求該醫療機構提出改善措施方案，以減少傷害重複發生，並有通報生產風險傷害事件之義務。
第十九條　主管機關應建立生產風險事件資料庫，並對生產風險事件進行統計、分析及建議改進事項，並每年定期公布。 為如實獲得生產不良事故之資料，以作為未來避免類似事件之再發生，本資料庫之資料不得做為司法案件之證據。 第一項生產風險事件資料庫得委託其他機構辦理之。 通報資料之內容、格式及其他應注意事項，由主管機關另定之。	提供醫療機構及民眾過去經驗與統計數據，藉此提升婦女生產環境之安全及品質、預防類似風險再度發生。
第三章　罰　　則	本章章名。
第二十條　違反第十六條規定者，處新臺幣五萬元以上二十五萬元以下罰鍰。	明定因辦理相關業務而知悉秘密者洩露秘密之罰則。
第二十一條　違反第十八條第二項規定者，其經主管機關通知限期改善仍未改善者，處新臺幣三萬元以上十五萬元以下罰鍰，並得按次處罰。	明定醫療機構未依第十八條第二項規定提出改善方案之罰則。
第二十二條　未依第十八條規定通報生產風險事件，其經主管機關通知限期改善仍未改善者，處新臺幣五萬元以上二十五萬元以下罰鍰，並得按次處罰。	明定醫療機構未依規定通報生產風險傷害事件之罰則。
第二十三條　本法所訂之罰鍰，由主管機關處罰之。	明定處罰權利機關。

條　　　　　文	說　　　　明
第四章　附　　則	本章章名。
第二十四條　生產風險補償給付之申請人對補償給付之審定如有不服，得依法提起訴願及行政訴訟。	明定申請人不服補償給付決定之行政救濟。
第二十五條　本法施行細則由主管機關另定之。	授權中央主管機關擬定本法施行細則。
第二十六條　本法自公布日施行。	明定本法施行日期。

國家圖書館出版品預行編目(CIP) 資料

情理以內，爭訟以外——臺灣生產事故救濟制度
發展 / 楊子萱著. -- 初版. -- 臺北市 : 元華
文創, 民107.07
　　面 ；　　公分

　ISBN 978-986-393-982-5(平裝)

　1.醫療糾紛 2.生育 3.醫病關係

585.79　　　　　　　　　　　　　107008759

情理以內，爭訟以外
　　——臺灣生產事故救濟制度發展

楊子萱　著

發 行 人：陳文鋒
出 版 者：元華文創股份有限公司
聯絡地址：100 臺北市中正區重慶南路二段 51 號 5 樓
電　　話：(02) 2351-1607
傳　　真：(02) 2351-1549
網　　址：www.eculture.com.tw
E－m a i l：service@eculture.com.tw
出版年月：2018（民 107）年 7 月 初版
定　　價：新臺幣 350 元

ISBN：978-986-393-982-5 (平裝)

總 經 銷：易可數位行銷股份有限公司
地　　址：231 新北市新店區寶橋路 235 巷 6 弄 3 號 5 樓
電　　話：(02) 8911-0825　　傳　　真：(02) 8911-0801